韓国ノワール
その激情と成熟

西森路代

目次

まえがき

「韓国ノワール」という言葉については、本書を手に取る人ならば、なんとなくの共通認識があるのではないだろうか。警察や犯罪組織に属する登場人物が出てきて、内部抗争や事件の謎が解決していくものなどがイメージとして大きいのではないか。それに加え、最近の韓国ノワールは、検察や財閥も出てくるし、歴代大統領など、実在の人物について描かれることも多くなってきた。

フィルム・ノワールについては、『ノワール文学講義――A Study in Black』（諏訪部浩一）の中に、「現在の我々が『ノワール』という言葉を使うようになったのは、四〇年代にアメリカで流行した映画ジャンルが、フランスで『フィルム・ノワール』と呼ばれたことが大きかったと思われる」と書かれている。

その後に、香港や韓国の犯罪映画もノワールの一種とみなされるようになった。

私がノワールの映画に初めて触れたのは香港映画で、ジョン・ウー監督の『男たちの挽歌』（１９８６年）や、リンゴ・ラム監督の『友は風の彼方に』（１９８７年）を後追いで見たり、『ザ・ミッション非情の掟』（１９９９年）などのジョニー・トー監督の作品群を公開時に追いかけていたことがきっかけであり、そこには、クェンティン・タランティーノの媒介があった。

香港映画をきっかけにアジアの映画に興味を持った私は、２０００年の『シュリ』公開時にも地元愛媛の映画館に足を運んだが、その後上京し、アジアのアイドルムックの編集やライター、アジアの情報を伝えるラジオ番組のディレクターの仕事を始めてから、大量の韓国映画や韓国ドラマ、K－POPにふれるようになり、今に至る。

最初のうちは韓国の文化について明るくなかったため、ポン・ジュノの映画『グエムル－漢江の怪物－』（2006年）などを見ても、そこに描かれている社会状況も、笑いもほとんど理解できていないほどだったが、仕事で触れるうちに、少しずつ背景がわかるようになってきた。

もちろん、韓流ブームが日本でも巻き起こった2003年以降の韓国映画や、本書に紹介されている初期の韓国ノワールについては、リアルタイムで観たり、情報を得たりはしてきたが、韓国ノワールというジャンルにどっぷりハマり始めたのは遅く、2013年の年末に試写で『新しき世界』を見たことがきっかけである。その後は、新作が来るたびにワクワクしながら試写室や映画館に通った。

本書で取り上げている作品は、結果的には2000年代の名作から最近のものまで網羅している〝体〟にはなっているが、特にこれが韓国ノワールのベストという意味で選んだわけでもない。ジャンル映画としての韓国ノワールを結果的に選んでしまったため、ポン・ジュノ監督や、パク・チャヌク監督の作品（特にパク・チャヌクの『別れる決心』は、もともとのフィルム・ノワールの文脈にもなっている作品で興味深いが）については話題には出てくるものの、一本まるごと選んで書くということはしていない。また、ここに書いたことが韓国ノワールの歴史であるということでもなく、個人的に2000年代から韓国映画を見てきた実感にしたがって書いたに過ぎない。あれも書きたい、これも書きたいと思いつつ、入れられなかった作品もある。

大げさに思われるかもしれないが、私は今、この世の中で生きていて、疑問を持つこともあれば、危機感を感じることもある。そんな危機感によりそってくれると感じたのは、日本映画ではなく、韓国映画であった。ときに、「人生の大切なことは韓国ノワールが教えてくれた」とも思えるほどの作品にも出会えた。疑問を内側にためこむのではなくさらけ出し、ときになりふりかまわず、ときに慎重に準備をして危機にぶつかっていく映画が多いからだろう。

書き終えてみてあらためてふりかえると、なぜ韓国ノワールにここまで強く惹かれるようになったかを探る旅のような一冊になっていたのではないかと思う。

特に私は、この世の中の〝力〟の構造を描くようになってからの韓国ノワールに強く惹かれる。その〝力〟は暴力や腕力だけを指すのでない。政治家や検察の持つ権力、企業家の持つ財力、間違った報道が導く言葉の力など、多岐にわたっている。そして、力を描くときには、必然的にその力によって押しつぶされている弱きものたちへのまなざしも見えてくるのだ。

現在のノワールの原型を作った

『友へ チング』（2001年）

監督・脚本：クァク・キョンテク
出演：ユ・オソン、チャン・ドンゴン、ソ・テファ、チョン・ウンテク

2001年に公開された『友へ チング』は、韓国で800万人を超える観客動員数を誇り、歴代一位の記録を塗り替えたほどの作品である。当時、金大中の太陽政策が推進されていたこともあり、これまでタブーであった南北の関係性を描いた大作の『シュリ』（1999年）や『JSA』（2000年）を、ノワール作品の『友へ チング』が一、二年で優に超えてしまったということになる。

1976年の釜山からスタートするこの映画は、小学校時代に出会ったガキ大将のジュンソク（ユ・オソン）、葬儀屋の息子ドンス（チャン・ドンゴン）、優等生のサンテク（ソ・テファ）、お調子者のジュンホ（チョン・ウンテク）という四人の半生を追う話である。

中学は別々だったが高校で再会した四人。ジュンソクは父親がヤクザということもあって、高校の

ドンス（チャン・ドンゴン）

ナンバー1、つまり番長に。ドンスもケンカっぱやくジュンソクについでナンバー2の立場にいたが、あることをきっかけに二人の関係性がぎくしゃくしてしまう……。

過去の作品は、今見ると物足りないところがあっても仕方がないところはある。それは、どこの国の映画であってもそうだ。しかし、この作品を改めて見返してみて、物足りなさを一切、感じないどころか、今の韓国ノワールの原型を形作っているのではないかとすら思えた。

釜山の荒々しい言葉と、港町の独特の空気感は今でも韓国ノワールのひとつの型として欠かせないものである（日本でも港町の空気というのは、『ディストラクション・ベイビーズ』のようなノワール映画に欠かせないものとなっている）が、『友へ チング』の釜山の光景が、後のノワール作品に影響を与えている部分はあるだろう。

また、映画の冒頭がパク・チョンヒ政権であったことや、その後、ノ・テウ政権に変わったとわかるセリフもある。それによって、時代の空気の移り変わりと現実をリンクさせて描くことにも成功している。映画のシーンがどの政権の時代なのかを示すことは、現代史を重ねることの多い昨今の韓国映画にはよくあることで、逆に日本ではあまり見ないことである。

キャラクターの描き分けも王道的ではあるが、そこが魅力的に映った。粗暴で圧倒的な力を持つジュンソクは、実際に監督の友人をモデルにしているそうだ。その隣にいるのは、家が葬儀屋で少し影のあるドンス。三枚目のジュンホに、四人の中で一番の優等生であるサンテク。このサンテクは、監督自身を投影しているそうだ。映画を見た後に知ったが、それを聞いて妙に納得してしまった。

というのも、サンテクは時にジュンソクに率直に苦言を呈することもあり、常に冷静で、物語の語り手でもあり俯瞰的な立場の人物だからだ。高校を出て数年後に偶然再会したジュンソクとサンテクは久しぶりに酒を交わすが、ヤクザになったジュンソクが、「俺は弱い奴、女のいる奴、酒をくらう奴には仕事をさせない」「モメごとを起こす確率が高いから」と正論を言ったことに対して、サンテクが「ヤクザのくせに哲学者みたいな口ぶりだ。しょせんヤクザのくせに」と言うシーンがあり、一瞬ヒヤっとした空気にもなる。そんな正論を言ったところで、やっていることは犯罪だろうがという憤りだったのだろうか。

しかし、実際にはジュンソクと戻れないほどの溝ができてしまうのは、サンテクではなくドンスの方である。それは、ジュンソクとドンスに濃密な関係性があることを物語っている。圧倒的な力を持つジュンソクの横で、友情を感じながらもナンバー2に甘んじるのは、ドンスにとって許せないことだろうし、自分は彼より下ではないという自尊心が、ジュンソクへの執着心にもなってしまう。説明のつかない執着心が、ゆがんだ「愛」になるのは、現在にまで続く「ノワール」のひとつの「型」でもある。

その「執着心＝ゆがんだ愛」は、さまざまな作品で描かれてきたからこそ、２０２３年には、ひとつの「型」と理解した上で脚本に書くことができるだろう。しかし、２００１年当時に、たぶんクァク・キョンテク監督は、自分の経験から率直に「ゆがんだ愛」を書いただけなのではないか。そんなところが、今見てもこの映画を新鮮に感じる所以だ。

もちろん、この映画全体を通して見れば、十分に計算された脚本であることも感じられる。特に、ラストで少年時代の四人が浮き輪につかまって沖まで出たあと、サンテクが「俺たち、遠くに来すぎたよ、早く戻ろう」と促す場面がある。あとあと悲しい出来事があったときに、なんでもないやりとりがしみじみと思い出されるというシーンでもある。北野武の『キッズ・リターン』（１９９６年）の「マーちゃん、俺たちもう終わっちゃったのかな？」「バカヤロー、まだ始まっちゃいねぇよ」というラストの台詞のような名台詞だと思う。二作は、日韓の青春ノワールの代表作となった。

大人になった四人、特にヤクザとなり、お互いに執着という愛をこじらせて憎み合うようになってしまったジュンソクとドンスは、もう戻れないくらい遠くまで来てしまっていた。どこかのタイミングで、子供時代のように、「こんな遠くにまで来てはいけない、早く帰ろう」と素直に誰かが言っていたなら、悲劇は起こらなかったのに……と思えてきて深い悲しみがこみあげる。サンテク＝クァク監督がこの映画で言いたかったことは、そこなのではないだろうか。

　そもそも、海で「遠くまで来すぎる」のは、危険を顧みず安全な岸から離れてしまうことである。大人になったジュンソクとドンスも皆と同じ社会で暮らしていたのに、危険を顧みず犯罪も厭わない組織のほうに流れ着いてしまった。それは、尖った若者のエネルギーが暴力と結びついてしまい、行くべきではない方向に突き進んでしまうことであり、「有害な男らしさ」や「トキシック・マスキュリニティ」とも深くつながっていると言えるだろう。

　実のところ、私は『友へ チング』という映画のことを見返すまでは、男同士の絆、ホモソーシャルを無批判に美しく描いている作品だと勘違いしていた。

　しかし、今になって見るとわかる。監督は、ジュンソクやドンスのモデルになったような粗暴な仲間の魅力や、ホモソーシャルな関係性に関心を持ってはいるものの、どこか冷めた目線もあり、同化することはできず、道を踏み外すことはなかった人なのだ。幼馴染として、自分は彼らと一線を引いてまともな生活をしていることに後ろめたい気持ちもあるかもしれないが、なぜ彼らを引き戻すことができなかったのかという後悔もあるだろう。

　サンテクが「ヤクザのくせに哲学者みたいな口ぶりだ。しょせんヤクザのくせに」と言ったのを見て、私は「サンテクはなんと嫌なことを友人に言う人だろう」と思ったが、これは監督の本音であり、むしろ良心であったのかもしれない。

映画では、ジュンソクとドンスは引き返せないところまで行って終わる。ドンスが、ジュンソクに執着し、自分は彼より下の存在ではない、と意地をはらなければ、つまり「男らしさの呪縛」により、誰かに打ち勝ちたいと意地をはらなければ、悲劇は生まれなかったのである。

改めて『友へ チング』を見返してみて、決して、男の美学を書いた映画だとは思わなかった。そして、監督がジュンソクのような同級生に関心を持ちながらも、一線を引いてしまうアンビバレンツな感情に、私は妙なシンパシーを感じた。なぜなら、私もまた、多くのノワール作品に警戒しながらも、関心を持ち続けてしまうという複雑な感情を持っているからだ。

本書で、映画『悪いやつら』（２０１２年）について書いていて気づいたことなのだが、ジュンソクが哲学者のようなことを言ったのには、ノ・テウ政権が犯罪組織を一掃する政策「犯罪との戦争」を発表したことも背景にはある。若いジュンソクやドンスは、政策に翻弄されながらも生き延びようと、必死な人でもあったのだ。

Blu-ray ￥2,750（税込）
DVD ￥1,980（税込）
発売・販売元：ポニーキャニオン

なぜ原題は『黄海』なのか　延辺の朝鮮族を描いた

『哀しき獣』（2010年）

監督・脚本：ナ・ホンジン
出演：ハ・ジョンウ、キム・ユンソク、チョ・ソンハ

韓国ノワールには、ときおり延辺出身の朝鮮族の人々が登場する。私が初めてそれを意識したのは、2013年の『新しき世界』であった。その後は、さまざまな映画に延辺の人たちが出てくるたびに、映画の内容とは別に、その部分が記憶に残るようになった。

関心を持つようになって以降は、新大久保に数軒ある延辺料理屋にも行った。羊の串焼きにクミンのパウダーがかかっている料理が特徴的で、新大久保のほかにも池袋や上野、西川口などにもある。塩気と甘味と辛みのバランスが絶妙で、一般的な韓国料理よりも好みかもしれない。メニューの中に犬の料理があるのも延辺料理の特徴だが、それについては食したことはない。

延辺は中国の吉林省にある自治州で、北朝鮮やロシア、黒竜江省にも接している。自治州の南西部には白頭山があり、2019年には『白頭山大噴火』という映画も作られたから韓国映画ファンなら

耳馴染のある人も多いだろう。

ここには多くの朝鮮族の人々が暮らしており、韓国ノワールの中では、延辺からくる役といえば、主に「殺し屋」である。昨今の映画であれば、マ・ドンソクが主演の『犯罪都市』（2017年）でも、延辺の朝鮮族の殺し屋が登場した。

『犯罪都市』は、2000年代に韓国のチャイナタウンで起きた朝鮮族の抗争がモデルになっているという。そのやり方は、映画よりも残忍でもあったとされるし、実際にそんなことが身近な社会の中で起こったのだとしたら、それを克明に描きたいという気持ちもわかる。しかし、彼らは韓国の中のマイノリティでもあり、ある民族を犯罪に結び付けて描くことには、身構えてしまうところもあった。これは、韓国だけでなく、日本で現実に起こったことをモデルに犯罪映画を作るときにも考えないといけないところである。

ナ・ホンジンの2010年の映画『哀しき獣』にも、延辺の人々が登場する。この映画は冒頭から延辺が舞台になっているし、主人公のグナム（ハ・ジョンウ）も、延辺に住む朝鮮族であることが、ほかの映画とは違うところだ。

グナムはタクシー運転手として延辺自治州の州都・延吉で暮らしているが、妻が韓国に出稼ぎにいき、送金も音信も途絶えてしまった。グナム自身は妻が帰ってこないことで失意とともに自暴自棄になって、麻雀にあけくれ借金で首が回らなくなっていた。そんなとき、借金取りからミョン（キム・ユンソク）という人物を紹介される。彼はグナムに、韓国へ渡って「人を殺してこい」と告げるのだった。

このミョンの誘いが巧妙だ。グナムにはどこか腹の中に闘争心が隠れているような感じもあるし、「自分はこんなもので終わらない」という気持ちが見えるようなところがある。そんなグナムに対してミョンは、「お前は変わった奴だな」「殴られても憐れに見えない」と自尊心をくすぐり、「負け犬でいいのか」「人生やりなおせ」と煽る。きっと、ミョンは誰にでもこういうことを言っているのだろう。そんなことを知ってか知らずか、グナムは人殺しをすることを決意。まず大連に行き、そこから船で韓国へと向かう。

密航船に乗って中国から韓国へ向かうというエピソードは、パク・チャヌク監督の『別れる決心』（2022年）にも登場した。『別れる決心』では、女性主人公のソレが、船底でずっと揺られ、匂いがしばらく染みついていたことを語っていたが、『哀しき獣』では、実際にグナムが粗末な漁船の船底に何人もの密航者と共に詰め込ま

タクシー運転手グナム（ハ・ジョンウ）に韓国へ行って「人を殺してこい」と告げるミョン（キム・ユンソク）

れているシーンがあり、その中には旅の過酷さに耐えられず亡くなったものがいたことも描かれていた。そんな船が港に正式に停泊することなどできるわけもなく、沖合で密航者たちは冬の海に飛び込み、そこから小さなボートに乗ってやっと上陸できるのだった。

慶尚南道のウルサンについたグナムは、10日間で韓国で人殺しをし、妻を探し、また延辺に帰ることになっていた。しかし、ターゲットの男は、グナムではなく別の男に殺されてしまう。その裏には、大きな闇があり、端的に言えば、そこに何ひとつ残らない（つまり誰も生き抜けない）殺伐とした映画となっていた。

ノワールやスリラー映画に、娯楽を求めて見ることは特別なことではない。そんな観客に、殺伐としすぎた映画は、「つまらない」と映ってしまうこともあるだろう。実際には、「つまらない」とまでは思わないが、あんなに派手なカーチェイスもあるのに、それが娯楽であるとはまったく思えない作品であるとは感じた。この感覚、何かを見たときに似ていると考えたら、それは香港のジョニー・トーが中国で撮った『ドラッグ・ウォー 毒戦』（２０１２年）であった。

『毒戦』には、香港人の麻薬取引をしている犯人のテンミン（ルイス・クー）と、中国の公安警察の麻薬捜査官のジャン（スン・ホンレイ）という二人が出てくる。やがて捜査官は、テンミンを潜入捜査官として協力させることとなる。通常の潜入捜査官ものは、最初は反目するものとして描かれるが、やがてお互いに情を感じ始める……というのがお約束でもある。しかしこの映画では、絶対に香港人の麻薬犯が公安には呑み込まれてはいけないという強い意志を持っていると感じる展開となっていて、最終的にはやはりたくさんの人々が死んでいった。

『哀しき獣』でも、延辺の朝鮮族であるグナムの、韓国に呑み込まれてはいけないという意思を感じたのだった。

デビュー作の『チェイサー』（2008年）で大注目されたナ・ホンジン監督は、実は、一作目から朝鮮族を登場させたかったのだという。二作目として『哀しき獣』を作ったきっかけは、「当時、朝鮮族の人たちが殺し屋に雇われたり、暴力事件が多発していたこと」を知って興味を持ち、実際に延辺に行ったところ、誰もが出稼ぎに行き、老人と子供しか残っていないことに疑問を持ったからだという。来日時のティーチ・インでは「家庭や社会そのものが破たんしているのを見て胸が痛くなりました」と語っている。※1

この背景には、1992年に中国と韓国の国交が正常化し、また盧武鉉政権時代の規制緩和もあり、経済的交流が深まったものの、実際には『哀しき獣』のグナムの妻のように出稼ぎに行くには多額の保証金を払う必要があり、そのために巨大な借金をしているのが実情だったという。現実に、出稼ぎ斡旋詐欺が横行したこともあった。※2

『新しき世界』や『犯罪都市』において、延辺の殺し屋は、たった数万円で殺しを請け負うという描

※1　https://www.cinematoday.jp/news/N0036417
※2　https://www.jiji.com/jc/v4?id=toa_201005190002

写があるが、『哀しき獣』を見れば、その理由が理解できる。それほど延辺の一部の人たちが困窮していたり、都市の（経済至上主義のとも言えるだろう）犠牲になっているということを伝えたいのだろう。ナ・ホンジン監督の意図は十分に映画に描かれていると思えた。

韓国ではこの映画は『黄海』というタイトルがついている。黄海とは、中国大陸と朝鮮半島に囲まれた海のことであり、グナムもその妻も黄海を粗末な密航船で渡って韓国に行き、そして二度と故郷に帰ることはできなかった。『別れる決心』のソン・ソレも同じだろう。彼女が最後に「海」に帰ろうとしたのも理解できるような気がするのだ。

日本でこの映画は、『哀しき獣』というタイトルで公開されたわけだが、中国の朝鮮族の自治区と韓国にあるどうにも埋めがたい溝や格差を、これでもかと映画に焼き付け、結果、殺伐としてしまったこの作品のことを『哀しき獣』という、なんとなく「韓国ノワールっぽい」タイトルで鑑賞するのは、自分にとっては傍観者すぎるような気がして受け入れがたいものがある。『黄海』というタイトルには、監督の意図がこれ以外には考えられないほどに込められていると感じるからだ。

Blu-ray ＆ DVD 好評発売中
DVD 4,180 円（税込） Blu-ray 5,170 円（税込）
発売元：株式会社クロックワークス
販売元：株式会社ハピネット

美しさを「見せる」「正しき」ノワール

『アジョシ』（2010年）

監督・脚本：イ・ジョンボム
出演：ウォンビン、キム・セロン、キム・ヒウォン、キム・ソンオ

俳優なら、これまでの活動から次のステップに移行するような作品に出会いたいと考えるときはあるだろう。そのとき、よく使われる言葉が「脱皮」というものである。

俳優にとって変化は必要であると思うが、「脱皮」という言葉については、100％肯定的にここで使っているわけではない。女性の場合は、洋服を〝脱いだ〟ことや、性的なシーンに〝挑戦〟したことを指すことが多く、男性の場合は、暴力的な映画に出ることや、悪役を演じることを指すことが多いように思う。また、男性自身も性的なシーンに〝挑戦〟したことを脱皮というときもあるが、それは、より激しいもの、暴力的で荒々しいものを指しているように思う。

俳優としての成長に応じて、新たな顔を見せることが必要だということは理解できるが、性別によって求められるものに違いがあったり、それがある種の〝通過儀礼〟でしかなく、演じる本人が無理や

り納得させられたりしているような面が見え隠れするようなものには、正直、違和感を持ってしまう。男性の場合は特に、暴力的な役に挑戦したことで、「これまでの女性ファンだけでなく男性ファンにもリーチできる」とか「男性にも認めてもらえる」と考えているようなケースが無きにしも非ずで、これにもやっぱりがっかりしてしまう。それは単なるホモソーシャルの一員として認められたいだけではないかと思えるからだ。

ではなぜ私は、そのような懸念がつきまとう「韓国ノワール」を見て、論じているのかという壁にぶち当たることになるだろうが、それをつきとめることも本書のテーマである。

韓流ブームが日本にも到来した2004年頃、ウォンビンはペ・ヨンジュン、チャン・ドンゴン、イ・ビョンホンとともに、韓流四天王と呼ばれていた。この四天王というくくりは、日本で独自に使われているものであり、ここにクォン・サンウやソン・スンホンが加えられることもあった。

韓流スターは、主にドラマから人気に火が付いたというイメージも強く、またそのターゲットはその頃、主に女性であったため、どちらかというと、品行方正で、非暴力的であったり、過度に逸脱したイメージの人は少ないように見られていた。中高年の女性が品行方正なものを好み、暴力や逸脱を好まないとは簡単に断言できないが、実際に暴力的なシーンを好まない人がいることも事実であり、それも見過ごしてはいけないことだ。同時に、韓国ノワールを上映している映画館に、中高年の女性がいただけで「韓流おばちゃんが来ていた。そんな映画じゃないのに……」などとつぶやく人がTｗｉｔｔｅｒで見受けられるが、女性には暴力描写は無理と決めつけることも、また偏見である。

そんな女性たちに人気の韓流スターも、キャリアの上で「脱皮」を求められたり、本人や周囲がそれを望むこともある。

四天王を見てみると、チャン・ドンゴンは、実は韓流ブームの頃にはほとんどドラマに出ていなかったし、『友へ チング』の成功もあり、「脱皮」はあまり必要ではなかった。イ・ビョンホンも同様で映画での活躍が多かったし、彼がドラマに出るときは、スケールの大きなノワール・アクションであることが多く、もはや「脱皮」の必要はなさそうであった。ペ・ヨンジュンは、人気絶頂期（とはいえ、日本の『冬ソナ』ブームよりも前のことである）に、官能的な映画『スキャンダル』（２００３年）に主演し、これがある意味「脱皮」だったといえそうだ。クォン・サンウは、『マルチュク青春通り』（２００４年）でブルース・リーに憧れる学生を演じ、ソン・スンホンも、『宿命』（２００８年）や『男たちの挽歌 A BETTER TOMORROW』（２０１０年）に出演したことが「脱皮」や新たな挑戦だったのだろう。

ウォンビンの場合は、初めて出た映画『ガン&トークス』（２００１年）で殺し屋を演じたり、チャン・ドンゴンと共演の戦争映画『ブラザーフッド』（２００４年）、喧嘩にあけくれる青年役を演じた『マイ・ブラザー』（２００４年）、カンヌ映画祭でも上映されたポン・ジュノ作品『母なる証明』（２００９年）など、常に新たな顔を模索してきたが、さらに「脱皮」をしたのが、韓国の歴史に残るノワール『アジョシ』（２０１０年）である。

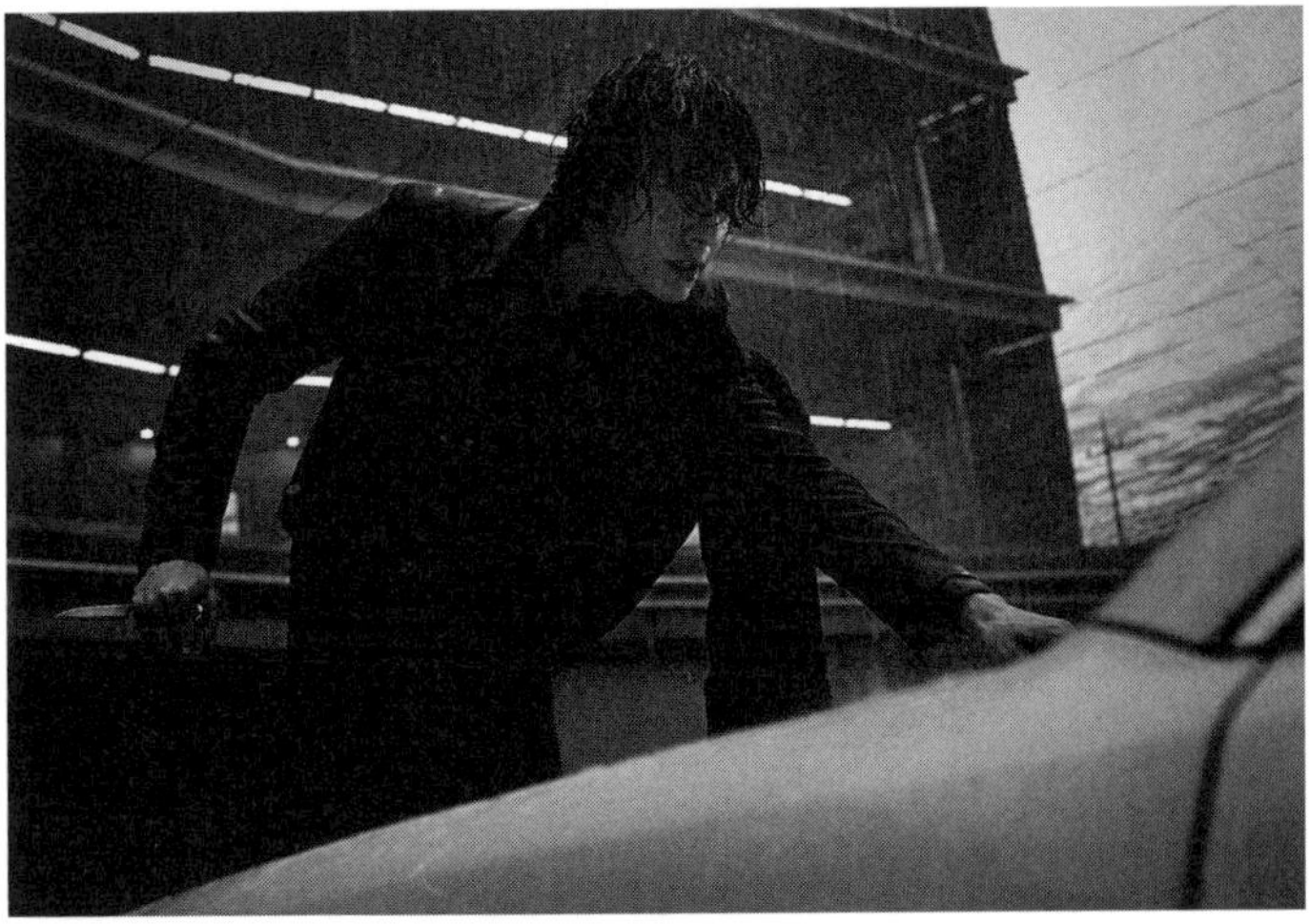

テシク（ウォンビン）

『アジョシ』でウォンビン演じるチャ・テシクは、長い前髪でほぼ眼が隠れるような風貌で常に暗い雰囲気を漂わせている。彼が営む質屋の隣の部屋には少女チョン・ソミ（キム・セロン）が住んでいて、彼のことを慕っているが、そんな彼女からも、暗い雰囲気のテシクは「刑務所が似合うみたい……」と言われている。ほどなくして、母親が麻薬事件に関与していたため、ソミは母親とともに組織に拉致され、テシクは、少女を救うために立ちあがる。

このテシクがめっぽう強い。この強さはどこからくるのかと思ったら、かつては暗殺を任務とする特殊部隊員をしていたのだった。その頃に愛する妻と、彼女の中に芽生えた命を事故で失ったことにより（惨状からして、特殊任務をしていたことに関わる事故だったのではないかと思われる）、危険なめにあっているソミ親子に妻と子どもを重ね合わせていたことにも、彼が戦う理由があったと思われる。

世間から隔絶して暮らしているテシクだが、生活感もある。近所の食料品店でソーセージなどの食材や生花を買ってくるシーンもあるし、ソミにそのソーセージを焼いて食べさせてあげることもある。そのわりに、どこか心を閉ざしていて、ときおり何を考えているのか読めないところもある。ソミが先述の花を勝手に花瓶に活けたり、髪飾りにしていると怒ったりもする。映画を見ていると、それは亡き妻のために買ったものだったからだろうとわかるのだ。

ソミは母親からネグレクトされていて居場所がない。学校でもうまくなじめず、貧しさと寂しさからか万引きをしてしまうこともある。保護者の存在がないに等しいからこそテシクを頼るのだろう。ある日、ソミが同級生の鞄を取ったとして警官に事情を説明していたとき、通りがかったテシクを「父親だ」とウソをつき、助けてもらおうとするときがあった。しかしなぜかテシクは彼女を助けず、そこから逃げてしまうのだが、彼にはそのことが心にひっかかっていて、その後悔がソミを命をかけて守る動機ともなるのである。

誰よりも強くて、女性や子どもなど弱き立場のものを放っておけず、つらい過去をひきずっていて、一度愛した人のことを忘れない一途さもあり、ミステリアスでもある……これは、ロマンチック・ラブストーリーや、韓流ドラマにおいて、女性が夢見る究極の男性キャラクターと言えなくもない。

こうした理想の男性像、正しい人間像を演じることは、ホモソーシャル的には「軟弱」で「悪」の部分が足りないと認められず、ファンの女性とともに演じる本人も揶揄されやすいということはあるだろう。揶揄されたくないから、暴力的で性的で逸脱していてクレイジーな男性像を演じて認められたいという「男らしさの呪縛」のループが生れることもある。正直、古いノワールを見返すと、このループにはまっているだけの作品に出くわすことも多いのだ。

しかし、『アジョシ』は、ノワールの王道の物語の中で、弱き隣人（つまりソミ）を助けるために、望んでいないにも関わらず闇の社会に戦いを挑むことになってしまった主人公の話であり、彼自身はなんら逸脱した行動をとりたいと思っているわけでも、持て余した力をどこかで発散したいというわけでもない。

テシクは、理不尽な暴力に苦しめられている人を見過ごせないという倫理観や感情にしたがって、やむを得ず暴力を使っているだけなのである。もちろん、テシクはたくさんの人を殺すし、残酷なシーンもあるけれど、ソミをはじめとして行き場のない子どもたちが、「子どもだから疑われにくい」という理由で犯罪組織に利用されたり、ゆくゆくは臓器売買されそうになったりすることも放ってはおかない。こうしたテシクのキャラクターの「正しさ」は、「ノワールの残忍さが苦手」という人にとっても、韓流ドラマと同様に望ましいものであったのではないだろうか。

『マッドマックス』などのように、暴力的なシーンが多く「これは俺たちの映画だ」と見なされつつも、実際にはフェミニズムが描かれているという、外側と中身の違うものは存在するが、『アジョシ』も、外側は韓国ノワールでありつつも、その中身には、暴力的な表現を普段は苦手とする女性たちを満足させる要素があった。

『アジョシ』が、韓流ドラマを好む女性たちをも満足させる理由はもうひとつある。

ウォンビンは、登場したときからとにかく「かっこいい」存在、つまり観客に「見られる」存在なのだ。見ているものに「なぜ質屋のようなところにこのような（かっこいい）人が？」と思わせる部分もあるから、ソミの母親に「なかなかのルックスだし」と言われたり、組織の人間（キム・ヒウォン）から、「男前だな」と言われるシーンもあるほどだ。

ノワールには、数々の「美しい型」が存在するが、そのひとつとして、撃たれて皮膚の中に残った弾丸を麻酔なしで引き抜くシーンというものがあるだろう。ウォンビンももちろん『アジョシ』の中で、このシーンを演じている（しかし、韓国ノワールを見返したが、弾丸を引き抜くシーンはあまりなかった）。

また、ソミを助けると決意したときに、眼が隠れるほどの長い前髪を自らが切るシーンもあり、このシーンは後々まで語り継がれている。長い髪は、妻と生れてくるはずだった子どもを失い、失意で自暴自棄になり、世の中と断絶して生きてきたことを示しているのだと思われるし、それを切るということは、過去と決別することも意味するのかもしれない。

しかし、観客に対しては、髪を切るという画《え》が、ウォンビン演じるテシクの感情の変化をじっくりと「見せる」ような意味合いもあるだろう。そもそも、もしもこの役をやったのが成熟したソン・ガンホやファン・ジョンミンであれば、髪を切るシーンがあっただろうか。若く美しい姿を期待されるウォンビンが髪を切り、額を見せるからこそ、決意して次の段階に進む事がより伝わって来るように思えた。髪を切り、ウォンビンはアジョシ（おじさん）になったのかもしれない。

この映画は『ジョン・ウィック』シリーズの監督、チャド・スタエルスキのプロデュースで、ハリウッドでリメイクするというニュースも２０２０年に報じられている（その後のニュースは現時点で聞こえてこないが）。チャド・スタエルスキは、インタビューで「アクションに限った話ではないけれど、私は美しさにはこだわっている」と語っている。そう考えると、彼らが「見せる」ことを意識したアクション作品の『アジョシ』をリメイクしたいという理由に納得がいくのであった。※

※ https://moviewalker.jp/news/article/207221/

『アジョシ スペシャル・エディション』
Blu-ray & DVD 好評発売中
Blu-ray 5,280 円（税込）
発売元：株式会社ハピネットファントム・スタジオ
販売元：株式会社ハピネット・メディアマーケティング

若かりし日のイ・ビョンホンとファン・ジョンミンの熱が感じられる

『甘い人生』（2005年）

監督・脚本：キム・ジウン
出演：イ・ビョンホン、キム・ヨンチョル、シン・ミナ、ファン・ジョンミン

2005年から2007年まで、私はアジアのエンタメを紹介するラジオのディレクターをしており、毎週のように来日した韓流スターの取材をしていた。帯番組で二曜日を担当していたため、韓流のほぼすべてのイベントに取材に行かないと番組が成り立たないほどだった。休みどころか自由な時間がほとんどなく、身体的にはくたくたの二年間で、イベントも実は行かないでいいものは行きたくないくらいであった。そんな中で、このイベントを見られなかったことが悔やまれるというものがある。2006年のゴールデンウィーク中に東京ドームで行われたイ・ビョンホンの単独のファンミーティングだ。

秋元康のプロデュースで行われたファンミーティングのオープニングで、ビョンホンはドームの地上7メーターの場所で映画の撮影をしている、という体の登場をし、アクションを繰り広げ、そして7メートル下に落下するという場面があったという。

当時の発表では観客は四万人以上。その前で、そんなド派手な登場が許されるのは、韓流スターの中でもイ・ビョンホン以外にありえまい……と当時の私は思っていた。それくらい、ギラギラとしたカリスマ性と、こちらが気恥ずかしくなるほどのナルシシズムがビョンホンにはあったのだ。それを生で見られなかったのは、今でも悔やまれる。

そんな初期のイ・ビョンホンの人気を後押ししていた作品のひとつが、映画『甘い人生』だった。2005年の4月1日に韓国で、同じ月の23日に日本でも公開となった映画『甘い人生』。タイムラグが今よりも短いのは、それだけ韓流の人気がすさまじかったということかもしれない。この映画がそうであるというわけではないが、日本の出資が入っていた映画も多かったことを思い出す。

イ・ビョンホン演じるキム・ソヌはホテルのマネージャーだが、実はホテルの社長は裏社会の人間で、ソヌ自身も、その筋の客に対してホテルマン然とした対応をしながらも、ルールを破れば暴力を行使するような人間だった。拳銃やナイフを持った相手でも素手で制す冒頭のシーンの映像のスタイリッシュさは、今のノワール作品と比べてもなんら遜色がない。さすがは今も第一線で活躍するキム・ジウン監督だ。

ほどなくしてソヌはボスのカン社長（キム・ヨンチョル）に呼び出され、あることを頼まれる。ボスは大学生のヒス（シン・ミナ）に恋しており、自分が上海に3日間の出張に行く間、彼女に別の男がいないか、また誰と会って何をしているかを見張ってほしいというのだ。もしも男がいた場合は「ワシに電話するか殺せ」と言われ、ソヌは困惑する。

このとき、ボスがソヌに「お前恋人はいるか？」「恋愛したことは？　ないに決まってる。だからこの仕事を頼むんだ。お前はそこがいい」と言うのだが、今になって見ていると、イ・ビョンホンがこの映画から醸し出す雰囲気からして「そんなことはないだろう？」と思ってしまった。だがこの映画の中では本当にソヌは仕事一筋の堅物らしい。

ソヌは言われた通り、ヒスのところに行く。ヒスを演じるシン・ミナは最近では『海街チャチャチャ』（2021年）や『私たちのブルース』（2022年）などのドラマでも活躍している。特に『私たちのブルース』ではイ・ビョンホンとの三度目の共演を果たして話題となった。そのシン・ミナ演じるヒスは、ヤクザの情婦という役ではあるが、そんなイメージとは反対で、音楽をたしなむ普通の大学生といった感じで、なぜにあのボスと……と思うくらいに設定と合っていない。しかも、ボスがソヌにヒスの話をしているときの、妙にはにかんだ、「恋をしている」としか思えない表情が微妙に怖い。結局ヒスには同年代の男の存在があったのだが、なぜ大学生が分相応の相手とつきあったからといって殺される必要があるのか……。

ソヌがヒスに会って、一瞬で虜になっているとわかるような描写もある。不器用だからそうした感情は見せまいとしているが、いつでもヒスを眼で追っているし、彼女に「アジョシ（おじさん）」と言われて、人知れずショックを受けるシーンもある。「彼女のことが心配で（もちろん男の存在があれば自分が消すかボスに引き渡さないといけないからということもあるのだが）、夜もそのことばかり考えてしまい、横になってスタンドのライトをつけたり消したりもしている。そして、そのまま寝てしまい朝になって彼女から「手伝ってほしいの」と留守電に伝言が入っているのを聞いて、ソワソワしている様子からも、「恋をしている」感じが滲み出まくっていたのだった……。

しかし、物語は、ボスだけでなく、同じボスの元で働くムン・ソク（キム・レハ）や、ボスと敵対する勢力のペク社長（ファン・ジョンミン）に、ロシア銃器密売団まで出てきて、ソヌと対立してバイオレンスを繰り広げるため、物語が混乱して散漫な作品になってしまっていた（今見るとそう思ってしまうのは仕方がないが）。

最後の最後には、ロシア銃器密売団のボスの弟として、当時、アイドルとして大人気であったSHINHWAのエリックが初めての映画出演も果たして、かっこよく銃をぶっ放す。こういうスターの出演を話題として用いることを韓国でもやっていたのだと懐かしく思い出してしまった。もちろん、エリックはこの作品以外でも活躍する俳優なのだが、今はアイドルが話題性だけで映画に出ることは少なくなっているからこそ、当時の空気が偲ばれる。

結局、ヒスに別の相手がいることをソヌは知ってしまう。自分で手を下すこともできずにいたところ、ボスに事実がばれてしまい、ソヌは数々の拷問を受け、最終的に先述のペク社長やロシアの銃器密売団も入り乱れての銃撃戦になる。

『友へ チング』(2001年)では、終盤に主人公が、どこにも戻れないほど「遠くにきてしまった」ことを、「どうしてこうなってしまったんだろう」としみじみと振り返る場面があったが、この映画に限っては、本当にソヌはなんでこんなところまできてしまったのだろうと思わずにはいられなかった。なぜなら、ここまできてしまう動機がどうにも弱いからである。

最終的には、ソヌは7年も仕えてきたボスが自分を試し、殺そうとしていることに悲しむのであるが、そういうシーンを作るのであれば、ボスがソヌにとって、厳しい中にもいいところのある人であって、しみじみと思い出すやりとりがあるのが、ノワールのセオリーである。しかし、しみじみしたやりとりのシーンがなければ、観客にボスとソヌのかけがえのない日々は伝わらない。

またヒスが「運命の女でありファム・ファタール」であったかもあいまいである。2023年ではなく2005年の映画なので、その辺が甘いのはわかるが、ヒスは見たところ悪女でもなく普通の女子大学生で、ヤクザものの男たちに見られ、勝手に崇められ、期待に答えなかったら切り捨てられてしまう哀しい存在であった。

疑問点ばかりあげつらってしまったが、この映画の映像は今見ても素晴らしい。ボスがホテルのオーナーであるからこそ、銃撃戦はホテルのラウンジで行われる。赤いカーテンがひらめき、高級な酒の瓶が派手に割れてそこから酒が吹き出す。暗がりの中、薄明りに照らされ、戦うイ・ビョンホンの姿は今見てもスタイリッシュで、音楽の使い方もそこにぴったりと合っていた。

また、この作品でのファン・ジョンミンは、今のようなトップスターというよりも、ケレン味のある悪役という感じであった。ビョンホンと一騎打ちのシーンでの演技が、「絶対に自分の演技で人々を魅了させてやる」と、テレビのひな壇で結果を残したいと思って闘っている若手お笑い芸人さながらの気迫が伝わってくる。少々過剰なくらいでもあるが、そこだけでも見てよかったと思わせるくらいの迫力があった。

この映画の最後のシーンでは、イ・ビョンホンが夜の街を見ながら、ホテルの一室で自分の姿を鏡に映し、シャドーボクシングをしているシーンで終わる。正直、「これはどういうことなのか？」と思ったのも事実だが、解釈をするのならば、ソヌの「あの頃は無邪気でよかった」という振り返りなのだろうか。しかし、若いエネルギーに満ち溢れ、ナルシシズムの漂う、あの東京ドームで7メートルのところから飛び降りるような当時のイ・ビョンホン（と、「やったるで！」というファン・ジョンミン）の熱が焼き付けられているというだけでも貴重な作品なのかもしれない。

むきだしの激しい感情だけがリアルなのか

『映画は映画だ』（2008年）

監督：チャン・フン
脚本：キム・ギドク、チャン・フン、オク・チンゴン、オ・セヨン
出演：ソ・ジソブ、カン・ジファン、ホン・スヒョン、コ・チャンソク

映画にとって、リアルであることや、いかに本物に近づけるかということが、長年のテーマと考える人は存在するだろう。韓流ブームに沸いた2000年代後半に来日したスターたちが、「酔っぱらった演技のために、本当にお酒を飲んでお芝居しました」とエピソードを語っているところを、一度や二度でなく聞いたことがある。それとはレベルが違うが、リアルにこだわりすぎて、撮影中に痛ましい事故が起こってしまった映画も過去にはたくさん存在した。リアルにこだわるということも、諸刃の剣である。

「演技をどこまで本物に近づけるか」というテーマの作品も、2000年代の韓国映画には多かったように思う。映画俳優を目指していたヤクザと、暴力的な映画俳優という二人の主人公を描き、2008年に公開された『映画は映画だ』も、そんな作品のひとつである。

この映画は、『タクシー運転手 約束は海を越えて』（2017年）で有名なチャン・フンの監督デビュー作であるが、彼が長らく故キム・ギドクの助監督をしていたため、原案や制作をキム・ギドクが担当している。また、主人公のひとり、暴力的な映画俳優を演じたカン・ジファンも2019年に性的暴行と強制わいせつで、実刑判決を受けている。キム・ギドクの監督作品ではないにしても、彼が関わった作品を今、無批判に語るつもりはないが、チャン・フン監督による2000年代のひとつのノワール作品として、批判すべきところは批判しつつ取り上げたい。

映画俳優のスタ（カン・ジファン）は、共演者にケガをさせてしまうような暴力的な俳優であった。ある日、スタが映画のスタッフと打ち合わせで酒を飲んでいる場に、ヤクザのガンペ（ソ・ジソプ）が現れる。

ガンペはかつて俳優を目指していて、スタにサインをしてほしいと頼みに来たのだが、彼の名前が韓国でヤクザを意味する「カンペ」と似ていることからスタにバカにされてしまう。それを受けてガンペは、スタがヤクザのように演技でイキがっていることに対して「ポーズは決まってる」ものの、「しょせん演技はウソだ」「（演技とは）苦労を知らない奴が人のマネをすること」と言い返し、スタの闘争心に火をつけるのだった。

後日、スクラップ現場でのアクションシーンの撮影で監督からリアリティを求められ、相手役の男性俳優から本当に殴られ激高したスタは、相手が倒れるまで殴ってしまう。そこに運悪く廃車の部品がなだれ落ちてきて大事故に。

映画を続けるために代役を探すも、自分が二度も共演者を病院送りにしたことで誰も出てくれないとわかったスタは、ガンペに映画に出てくれと頼みに行く。ガンペは「俺とも（アクションを）マジにやるなら」と出演を承諾するのだった。

ガンペは、何度も同じシーンを撮影したり、細かい目の表情を作ったりすることに苦労はするが、本物の感情を演技で表現できることもあって、本物の俳優のようになっていく。

しかし、共演の女性の俳優に対し、いきなりキスをして「（台本にある）シーン87をやっただけだ」と言ってみたり、また車でのセックスのシーンでは、本当にやってしまったと思わせる場面すらある。それほど、ガンペは「常人とは違うヤクザものである」とわからせるシーンでもあるのだが、現在であれば、もし同じことが描かれたとしても、それは絶対にあってはならないことだとわかるように慎重に扱わねばならないとされるシーンだろう。

スタも撮影で実際に共演者を殴ったりするような人物である。とはいえ、アクションの相手をする俳優に対して、「演技は本気で殴ればいいってものではない」とたしなめるシーンもあるし、初めて撮影現場に入ったガンペが「ヤクザとして本物」であるだけではうまく演技ができずに苦労しているのを見て、俳優のプロとヤクザものは別物であるとも思っている。

しかし、スタは自分が俳優相手に被害を負わせた事故に関する記者会見に集まった記者が少ないとこぼしたりする倫理観の持ち主で、そんな彼を常に見守っている男性のマネージャーに対しても、感謝をすることもない。また、派手な移動用のバンに女性を呼び寄せ、セックスが終わったら家に帰すような間柄を何年も続けているし、そのことで脅されたりもする。そして、スタが脅された事実を知ったガンペが、ヤクザの「やりかた」で脅した相手をやりこめることで、さらに悲劇は加速していくのだった。

今になって映画を見返してみると、思っていたよりも主人公二人に共感できない映画である。もちろん『最後まで行く』（２０１４年）のように、主人公たちに共感できない作品はたくさん存在するが、それでもキャラクターや関係性が魅力的だと思える映画はある。しかし『映画は映画だ』の場合は、主人公の二人ともにミソジニーがあり、それが否定されることもなく、そういうものだとスルーされているという点でも共感はしにくい。

ただ、そんな主人公でも、どこか愛すべきところがあるとも描きたかったのだろうということも見える。ソ・ジソブは、自分の師である会長に忠誠心を誓っていて、会長から「部下をあまり信用するな」と言われている。だから、部下に自分の送り迎えをさせないし、部下も自分たちは信頼されていないと感じている。

しかし、映画の現場に入り始めてからは、徐々に部下たちに心を開くようになり、撮影の合間には、彼らとスローモーションで殴り合うごっこのような遊びをして笑い合う、微笑ましいシーンもあるのだ。

このシーンは、ジョニー・トーの香港ノワール『ザ・ミッション 非情の掟』（１９９９年）の紙屑サッカーのようなもので、その後に悲しい出来事があったときに、「他愛ない無邪気なお遊びをしてたあの下っ端ヤクザが、あんなことになるなんて……」と悲しくなる、そんな効果を狙っているものだろう。

それは見ていてわかるのだが、いかんせん、主人公二人の行動原理が見えないために、下っ端ヤクザとの他愛のないお遊びシーンが、公開当時も今一つぐっと来なくて、どこか「惜しい」と思ったのを今でも鮮明に覚えている。リアルタイムで韓国ノワールを見ていた自分としては、この「惜しい」が重なってブラッシュアップした結果、『新しき世界』(2013年)にまで昇華したのだと思うのだ。『新しき世界』以降の韓国ノワールでは、対になる主人公二人がいたとして、彼らが犯罪組織に所属していたり、不正に関わっていたとしても、その個人の内面には、正しい倫理が働いていたり、お互いへの慈しみの気持ちがあったりして、そのふとした「まっとうさ」が、相反する二人を強く結び付けたり、観客の心を摑んだりもする。だからこそ、どちらかがどちらかを失ったときに深い悲しみが伝わってくるのだが、この作品では、スタとガンペには、そのようなケミストリーは存在していないように見えた。

映画の終盤、スタとガンペは、劇中で彼らが出演している映画の中で、泥だらけで決闘シーンの撮影ををする。当時、東京国際フォーラムや中野サンプラザのようなホールをファンミーティングで満員にするほど人気の韓流スター二人が、泥にまみれて、その顔が誰のものなのかもわからないような状態で、死闘を繰り広げる。顔なんか見なくていい、自分という俳優の本物の演技を見てほしいという気持ちがそこのシーンに現われているように思う。

この映画の公開当時のインタビューや記事を読み返してみたら、ある男性のライターが、「正直、韓流ドラマを見ないから、ソ・ジソブという存在をほとんど知らなかったが、この作品で泥だらけになりなりふり構わずアクションしているシーンを見て、見直した」というような感想を書いていた。そこには、韓流スターには興味はないが、悪の面もむき出しにし、泥まみれで演技をするような俳優だから見直したというような考えが見える。当時、そう考えていたのは、この人だけではないだろう。「韓流スター」は、女性に人気があるだけで、本物ではない。そんな偏見があったように思うし、未だに持っている人もいるだろう。そして、キム・ギドクも自分自身を撮ったドキュメンタリー映画『アリラン』の中で、「俳優たちは、とても、残忍で、何かを爆発させるような役、そんな役を好むように思う」と語っている。

しかし、2023年の私は思う。あの干潟で泥まみれになって殴り合っている劇中劇の演技からは、彼らが本気で殴り合いたいという情熱やどうしようもない衝動が見えるわけではない。自分たちは、本当はこんな風に泥まみれになって死闘を繰り広げられるんだという叫びのほうがリアルに伝わってくる。それは、俳優の願いなのか、それとも監督や原作者やプロデューサーの願いなのかはわからないが……。『タクシー運転手 約束は海を越えて』が1000万人を超えるヒット作となり、その後のチャン・フン監督の活躍は誰もが知るところであ

泥まみれの二人（ソ・ジソブとカン・ジファン）

るが、実はキム・ギドクとの師弟関係はとだえている。

キム・ギドクは、自身の映画『アリラン』（2011年）の中で、映画を教わりたいと慕ってきたスタッフたちの中のひとりが、五年を過ぎて、資本主義の誘惑に負け、自身のもとを離れたと語っている。また、助監督に、自身が原案の映画『映画は映画だ』を撮る機会を与え、彼は評価される監督となったが、『映画は映画だ』の後、義理を守って、あと2作一緒に作ると約束していたというのに、映画『プンサンケ』（2011年）の準備中に、プロデューサーと監督が、有利になりたくて自分の元を去った、「彼らは金と有名俳優を選んだ」とも言っている。

『アリラン』はドキュメンタリーだが、キム・ギドクがまるで天使と悪魔のように一人二役で彼の中の二面性を演じ、彼が撮った『悲夢』（2008年）で俳優が首をつるシーンで実際に気を失い死にかけたことに対して、自問自答している場面もある。そのせいで、当時のギドクは何年も映画が撮れていないのだが、そこでも自分はその事故を止めたではないかと、自分を弁護するような言動があり、映画に焼き付けられるリアリティが最も尊いものだと思える発言を繰り返し、世界で認められている自分はそれでも映画を作ることを求められているのだと（誤った）自己肯定をする。

『アリラン』を見ていると、『映画は映画だ』は、まさにキム・ギドクの考えていることそのものだとわかるのだ。タイトルを見ると、「映画は所詮、映画だ」と突き放しているようなタイトルにもとれるが、キム・ギドクは『アリラン』を見る限り、「映画は人の中にあるすべての感情をむき出しにするものであるべきだし、それこそが尊いものだ」と考えていたし、それが表現の上の話であると思われていたときまでは（つまり、実際の撮影現場で暴力がふるわれていたことが発覚するまでは）、「感情をむき出しにした映画」で世界でも評価されていたのではないか。

映画に、わけのわからないエネルギーが渦巻いていたり、むき出しの感情や暴力性や負の感情がそのままに描かれているものこそが、凄い映画だと思っていたときが私にもあったかもしれない。

しかし、2023年になって思う。むき出し（に見える）ものだけが、本物の感情だと言えるのだろうか、そして撮影で本物の暴力や感情を出させることが、俳優や映画にとって正解だったのだろうかと。抑えた中にあるものや、しみじみとした感情の中にだって本物の感情はあるし、俳優は、感情的にならず、頭で考え、冷静に構築して演技をして、人々を熱くさせることもできるのではないかと。『タクシー運転手』を見れば、チャン・フン監督はけっしてむき出しの感情を出せばいいと考えている人ではないと思うし、彼の本来持っている考えや、その考えからにじみ出る作風は、『映画は映画だ』の原案やテーマ、もっと言えばキム・ギドクとも（当然ながら）合っていなかったのではないかとも思う。

DVD ￥5,170（税込）
発売・販売元：ポニーキャニオン

普通の会社員が実は殺し屋。発想の斬新さは今見ても健在

『ある会社員』（2012年）

監督・脚本：イム・サンユン
出演：ソ・ジソブ、イ・ミヨン、クァク・ドウォン、キム・ドンジュン

『ある会社員』は2012年に公開された作品だ。主人公のヒョンドは表向きは貿易商社の会社員だが、実はその会社は殺人請負の仕事をしているという設定が、今になっても斬新だと感じる。

冒頭、ヒョンド（ソ・ジソブ）は車の中で若者のフン（キム・ドンジュン）とかつての夢について話す。ヒョンドは歌手になりたかったがなれなかった（ジソブは『映画は映画だ』では俳優になりそこねたヤクザだったが、今度は歌手だ）と話すと、フンは知り合いが歌手だったが「歌手なんか、人気が落ちたら終わり」とどこか達観した様子で話すのだった。

その後フンは、宅配業者としてとあるビルの中に届け物をしにいったと思いきや……実は殺しの任務を請け負っており、荷物の段ボール箱の中に隠し持っていた銃でターゲットを次々に殺す。このフンを演じているのが、当時、人気のあった9人組ボーイズグループＺＥ：Ａの中心的なメンバーのキ

ム・ドンジュンであった。

私もまだZE：Aが活動していた2000年代後半（K－POPでいうと第二世代にあたる）には、来日するアイドルの取材もしていたので、彼らにも何度か取材もしたことがある。この頃は、先にも書いたがアイドルがドラマだけでなく映画にも進出することも多く、〝演技ドル〟と呼ばれていたのだ。彼と同じくZE：Aのメンバーであるイム・シワンが映画界を担う若手スターになったことを知っている人も多いことだろう。

そのドンジュンが演じるフンはなぜか、殺人のミッションが成功した瞬間にヒョンドによって倒されてしまう。フンの最後の言葉により、ヒョンドはこれまでに稼いだ金を彼の家族の元に届けるのだった。

面白いのは、ヒョンドが朝、電車に乗って通勤し、会社のカードをタッチしてオフィスに入り、受付を通り、事務をしている人の間を潜り抜けて、会社の裏の部分に入る場面だ。これまでの映画にも、実はこの会社は表向きはまっとうなことをしているが、ヤクザのフロント企業でした、というものはあるにはあるが、そんな設定をここまではっきり、うまく使った事例は知らなかった。今、リメイクしても面白い設定かもしれない。

また、現在の韓国ノワールに欠かせない俳優もちらほら出演している。「昔も今も同じような俳優が出ているものでしょう？」と思うかもしれないが、『新しき世界』（2013年）以前の韓国ノワールの脇役は、今見ている俳優とは顔ぶれがずいぶんと違う。当時と今で活躍する監督が様変わりしているということもあるかもしれない。『ある会社員』には、数々の作品で悪のボス的な役をやるイ・ギョンヨンが、ヒョンドのかつての上司役で登場するし、ヒョンドの前に最後まで憎たらしく立ちはだかる会社員として、クァク・ドウォンも出演している。つまり、二人とも今やっている役の原型をこの作品でもやっていたということかもしれない。

この映画が公開されたのは２０１２年だが、メロドラマ的ラブストーリー的な展開があるのも、この時代ならではだと感じる。ヒョンドがフンの家族の元に金を届けると、そこには苦労は感じさせるが、素朴で美しいフンの母親（イ・ミヨン）がいた。彼女はかつては歌手をしていたことが彼女の娘によって知らされる。

ヒョンドは彼女を一目見たときからそんなことは知っていた。なぜなら、彼女の歌を学生時代から聞いていて、それがきっかけに自分も歌手になろうと思っ

殺し屋（ソ・ジソブ）と憎たらしい会社員（クァク・ドウォン）

ていたからだ。彼もフンのように若い頃から家族のために身を粉にして働いていて、そんなところもフンに対してのシンパシーにつながっていたのだろう。ヒョンドの回想シーンには、フンの母親がかつて歌手時代に歌っていたと思われる曲が流れるが、その曲が、今になって掘り起こされるシティ・ポップという感じで、青春の甘酸っぱさとにほろ苦さがよみがえるようなメロディですごくいい。

結局、ジソブ演じるヒョンドとフンの母親は互いに淡い恋心を感じ合うようになるのだが、『新しき世界』以前に、スターが出演するアクション・サスペンスには、こうした淡い恋が描かれていたのも、特徴だったと感じる。

そして、その恋が彼の「今を変えたい」というトリガーになるのだが、いまひとつそれがトリガーになるには、ヒョンドとフンの母親の関係性、特に別れの描き方が弱かったようにも感じてしまった。というのも、母親のキャラクターが、物語を転換させるためだけにあるような感じに見えなくもないからだ。もちろん、どの時代にも、誰かに悲しいことが怒り、それを転機に立ち上がる物語はあるにはあるのだが……。

今見ると、会社員としての淡々とした日常、淡い恋心を描いたメロドラマと、激しいアクションシーンや、拳銃の打ち合いのシーンのコントラストが斬新であるように思えるのだが、これは当時の韓国ノワールが、過渡期であったことを示しているようにも思える。

「会社員が殺し屋であった」という企画書を見れば、誰でも、「ほほう、それはどういう話なんですか？」と続きを聞きたくなって、その企画書にGOを出したくなるだろう。特に今の日本は企画書主義でもあるから、一行の説明で興味を持ってもらえるということが重要になっていると聞く。それは、翻すと、企画の斬新さにしか興味がなく、その中に描かれている繊細なセリフやテーマがどんなに良くても企画が斬新でなければ制作が進まないという現状を表しているといつも感じている。

「家族愛」や「ヘテロセクシャルの愛」をベースにメロドラマが形成されるということも、昨今の韓国ノワールでは少なくなった。もちろん、韓国映画全体を見れば、いまだに儒教の精神が色濃く描かれていたりする作品もある。また、昨今の韓国ノワールで「ヘテロセクシャルの愛」ばかりがあまり描かれなくなったのは、異性愛の作品ばかりであるという視点を変えようとして意識的にやっているというよりは、2016年からBTSなども含むK－POPのスター同士がお出かけする様子を追う『イケメンブロマンス』（MBCのモバイルコンテンツチャンネルMbig TVで配信）という番組が放送されたり、ドラマに出演する男性キャラ二人をブロマンスとして紹介することが増えたりしたこともあり、「ブロマンス」作品がドラマ、映画に共通して好まれるようになったという背景のほうが大きかっただろう。ただ、そのような背景もあって、今では韓国ノワールで主人公の「純粋さ」を示すために、女性を密かに思っているという設定（例えば『甘い人生』のような）を描く場面も少なくなった。

またソ・ジソブは、かつても今もスター俳優であり、今年（2023年）も彼の主演作『告白、あるいは完璧な弁護』（2022年）が日本でも公開される。特にドラマの世界では、常に主演作が作られている人気者である。スターの中でも暗い影を感じさせ、アクションシーンでも見栄えがするという意味では韓国ノワール作品でも、ファンの動員を見込めると考えられていただろう。

先に書いた『映画は映画だ』（2008年）では、彼がラッパーとしてパフォーマンスしている楽曲がエンディングテーマとして使われている。『映画は映画だ』は、日本公開も韓国とほぼ同時で、映画公開時には来日イベントが組まれたり、エンディングテーマがエイベックスからリリースされたり、メイキングDVDを売るところまでを映画の興行として見込んで作られていたのである。当時はまだ韓国映画全体の観客動員数は今ほど多くはなく、こうしたノワール作品も韓国国内で100万人を突破すれば及第点であり、日本での興行やそれに付随したDVDなどの売上を期待されていたのだ。

ソ・ジソブより少し先輩のスターにクォン・サンウやソン・スンホンがいるが、彼らのようなスターは、兵役を終えて、復帰1作目として、韓国ノワールを選ぶということも多かった（ジソブにとって『映画は映画だ』も復帰作である）。そのクォン・サンウとソン・スンホン、そして友情出演としてチソンまで出演した2008年の『宿命』という韓国ノワール的な作品は、やはり日本でも大きなイベントが（たぶん）制作の段階から予定されており、主題歌はGLAYが歌い、もちろんメイキングDVDも発売されていた。しかし当時の韓国ではやはり100万人の壁が厚かったようだ。

2012年公開の『ある会社員』は、そこまで派手なイベントを組んだりはしていなかったが、それは、日本でも韓流ブームのあり方が少しずつ変化しており、2010年代に入ってからは『美男ですね』（2009年）のチャン・グンソクなども登場し、人気スターも変わりつつあった。またK-POPブームも到来していた。だからこその演技ドルの起用であり、ZE：Aのドンジュンがジソブの相棒として大きな位置を担っていたのだ。もちろん、ドンジュンは映画の中でちゃんと役を生きていたし、彼の起用は成功であったと思うが（むしろ当時の私はわりとドンジュンのファンであったくらいだし）、最近は、いきなり演技経験のないK－POPスターを韓国ノワールでベテラン主人公の相棒にする映画は少なくなった。

当時は、韓国でもこのようにスターの人気とファンの動員を期待されて作られた韓国ノワールもたくさんあったが、次第にそのような映画は減っていった。むしろ、企画第一主義で人気者の出演や主題歌で動員数を決め、DVDや映画本編以外のIP戦略で収入を回収するというこの考えでいまだに映画が作られているのは日本の方であると考えていいだろう。

『ある会社員』は、現在の日本的なやり方で映画を作っていた時代の最後もしくは、別のやり方に移行する最中の作品のようにも感じるが、今見ても『ある会社員』のアイデアは面白い。しかし、あと少しの工夫があれば、作品自体がもっと面白くなったのではと思うところはある。

主人公のヒョンドは、会社に対して「自分を拾ってくれ、恩義を感じて忠誠を尽くしたが、結局はいいようにされてしまった。自分のささやかな幸せを日常に見出したことをきっかけに、会社から離れて、人生を生きなおそうとしたが、そう簡単ではなかった」という思いを持っていて、それは映画の軸になっている。その思いを、ノスタルジックに見せるシーンもある。ここ数年、韓国の映画や小説、エッセイでは「経済的な発展のために、頑張れという声に十分に応えてきたが、それで得られたものは何だったんだろう？　単に疲弊しただけではないか。今こそ、競争を降りて自分自身のために生きてもいいではないか」というものが多くなっている。映画『パラサイト半地下の家族』（２０１９年）などがこの気分を代表していると言っていいだろう。

このような思いが、『ある会社員』にも存在しているが、そこまで重きを置いては描かれていない。今の韓国映画界であれば、会社が労働者の権利を守らないということがきっかけとなり物語が展開する映画を、社会風刺の意味合いを持って、いとも簡単に描けたところだろう。韓国映画界では、そのようなテクニックがこの10年で発達したからだ。だが、この当時は、そのようなテーマを込めた映画は、特にエンタメ作品ではまだ多くはなかったことを思い返すのである。

Blu-ray ￥5,170（税込）
DVD ￥1,980（税込）
発売・販売元：ポニーキャニオン

ノワールに必要だったのは多様な顔ぶれか

『男たちの挽歌 A BETTER TOMORROW』（2010年）

監督：ソン・ヘソン
出演：チュ・ジンモ、ソン・スンホン、キム・ガンウ、チョ・ハンソン

アジアのノワールと言えば、香港をイメージする人は多いだろう。私も後追いで『男たちの挽歌』を見て、こんなにアツい絆が描かれたものがあるのかと衝撃を受けた。ジョン・ウーが1986年にメガホンをとったこの作品の主要な登場人物のひとりは、チョウ・ユンファ演じるマーク。彼はお調子者で、会社の受付の女性にバラの花を差し出して無視されてしまうような役どころだ。見ていると、ジャッキー・チェンが演じた『シティーハンター』（1993年）の冴羽獠の影響が遠からずあるのではないかと思ったが、実際には『男たちの挽歌』のほうが先であった。

主人公のホーを演じるのはティ・ロン。長塚京三のような落ち着いた面持ちの人である。日本では公開当時、ホーの人気が高かったと聞くが（香港ではそうでもないそうなのだ）、私も『男たちの挽歌』でもっとも心をゆさぶられたのはホーである。このホーはマークとともに偽札を扱う犯罪組織に属し

ており、父親からは足を洗えと言われている。

ホーには弟のキット(レスリー・チャン)がおり、彼はエリート街道を進んでいて、後に警察官になる。ホーはマークやキットと、いつもふざけあっていて、それが愛情や友情なのだとわかる。

やがて、ホーは父やキットのためにも組織から足を洗いたいと思い、これが最後の仕事と決意してマークと台湾に渡るが、そこでヘマをして自ら自首し刑務所に。マークはその後も裏の仕事を続けるなかで足を撃たれてしまう。

それから三年後、ホーは出所するが、警察官となったキットは兄が犯罪組織の人間で、それがきっかけで父が帰らぬ人になったこともあり、兄弟の仲は険悪になってしまっていた。

ホーは街中でマークと再会するのだが、マークは路上でタクシーの窓を拭いてなんとか小銭を稼いで暮らしている。足をひきずりながら、懸命に働く姿がせつない。

一方、かつてはホーとマークの後輩であったシン(レイ・チーホン)は力をつけてのしあがっていた。


この『男たちの挽歌』が2010年に韓国でリメイクされると聞いたときには、少し不安に思ったものだ。率直に言うと、当時の韓国映画に、この香港ノワールの金字塔とも言える作品が、本当にうまくリメイクできるのかという空気があったのだ(今であればそんな不安は微塵も感じないが)。

おそるおそる今、韓国版の『男たちの挽歌 A BETTER TOMORROW』を見返してみたが、思っていたよりも映像が洗練されていた。香港の物語を、北朝鮮からやってきたヒョク(チュ・ジンモ)=

ホーと、その弟のチョル（キム・ガンウ）＝キットの物語に置き換えているのも不自然ではない。また、ヒョクが脱北し、そのせいで母親が収容所で帰らぬ人となったり、チョルが苦労して韓国に渡り、警察官になるという流れも、元の物語の展開や関係性を損なっていなかった。

チョルと共に犯罪組織にいるヨンチュン（ソン・スンホン）＝マークとチョルの関係性もうまく描けているし、彼らの後輩であったのに、のしあがったテミン（チョ・ハンソン）の小物っぽさや小賢しさも香港版のシン役のレイ・チーホンの演技同様、イライラさせられてなかなかよかった。

今の韓国ノワールでよくみられる釜山の港町の風景や、釜山なまりの韓国語なども作品とマッチしている。

しかし……何かが物足りないのだ。香港版の主要キャラクターは、先述の通り、ふざけあっていて、コミカルでいい加減な感じがある。そういうキャラクターたちが、運命の歯車が狂って転落し、そこからもう一度這い上がりたいと思うその落差にぐっときたのだ。

また、ホーにとってキットというのは、むしろ弟というよりも子供のように溺愛している存在だ。キットが少年のように天真爛漫だったからこそ、出所したときに立派な刑事になった姿に成長と時間が感じられ、兄弟がすれ違ってしまう様子がより悲しいのだ。

それに対して、韓国版の場合は、ふざけた部分が少なく、映像もダークなトーンでスタイリッシュに仕上がっている。しかも、いぶし銀のようなホーと、お調子者のマークという役を、韓国版では、チュ・

ジンモとソン・スンホンという比較的、雰囲気の似た二人が演じている。チュ・ジンモとソン・スンホンについてもっと説明するならば、チュ・ジンモは当時の韓流スターの中でも正統派の俳優で、「花美男（コンミナム）」を代表するような存在であったし、デザイナーに見出されて韓国人で初めてプラダのモデルとなったような人である。ソン・スンホンもまた、『冬のソナタ』（2002年）を撮ったユン・ソクホ監督の四季シリーズ『秋の童話』（2000年）で一躍トップスターの仲間入りをしている正統派の俳優である。もっと言えば、二人は韓国でも1、2を争うほど端正な顔立ちをした俳優なのである。

対して、香港版の登場人物は、ひとりひとりの雰囲気も見た目も年齢もかなりバラバラで個性的だ。そのことで、キャラクターの魅力を、ひとつひとつ違ったものに見せていた。

現在の韓国ノワールであれば、ひとつの作品に、ファン・ジョンミンのような荒々しいキャラクターも、イ・ソンミンのようなときに狡猾でときに思慮深いキャラクターも、クァク・ジェヨンのように得体のしれないキャラクターもいて成立している。

もちろん、チュ・ジンモとソン・スンホンという、似た雰囲気を持つ二人だからこそ、生かされる韓国ノワールの脚本というものも存在するだろう。また、チュ・ジンモとソン・スンホンという二人も、多様なキャラクターのなかの一人として存在するような映画も作ることができるだろう。

しかし、当時の韓国ノワールには、今のように俳優の多様な魅力を生かしきれていない作品は多かったのだなということを『男たちの挽歌 A BETTER TOMORROW』を見て改めて思ったのだった。

マルチキャスティングブームでブラッシュアップされた快作

『監視者たち』（2013年）

監督：チョ・ウィソク、キム・ビョンソ　脚本：チョ・ウィソク
出演：ソル・ギョング、チョン・ウソン、ハン・ヒョジュ、ジュノ

『監視者たち』（2013年）は、香港ノワール『天使の眼、野獣の街』（2007年）のリメイク作品である。

原作の『天使の眼、野獣の街』（2007年）は、香港ノワールを代表するジョニー・トー作品の脚本をほとんどと言ってもいいほど執筆しているヤウ・ナイホイの監督デビュー作で、監視と追跡を専門とする刑事たちのチームと、窃盗団の攻防を描く。原作の英語タイトルは『EYE IN THE SKY』であり、刑事も犯罪者も、起こっていることを俯瞰的に見て脳内に記憶できる〝天井の眼〟を持つ。刑事と犯罪者が、〝天井の眼〟と〝天井の眼〟でぶつかりあいながら生き残りを賭ける様子がスリリングな作品である。

映画の冒頭、香港のトラムを使って移動していたホー（ケイト・ツイ）は、立ち寄った茶餐廳（チャー

チャンテン＝喫茶店と軽食をあわせたようなお店）で見知らぬ男性に人違いを装って声をかけられるが、実はその男性はホーが監視班に入れるかどうかのテストをしていたベテラン刑事のウォン（サイモン・ヤム）だった。彼女は無事テストに合格。監視班の一員として捜査を始める。ホーは、刑事になってまだ間もない若い女性で、父親くらいの年齢であるウォンから、〝子豚〟というコードネームをつけられるのだった。監視班が追いかけているのは窃盗犯の親玉のチャン・チョンサン（レオン・カーファイ）。彼もまた監視班と同じように〝天井の眼〟を持っていて、刑事と窃盗団の行動をビルの屋上から監視し、窃盗団の実行犯たちに指示を出していた。

韓国で制作された『監視者たち』も、ほぼ香港のオリジナルに忠実に構成されている。ベテラン刑事のファン・サンジュンを演じるのはソル・ギョングだ。新米刑事で、〝子豚〟というコードネームで行動するハ・ユンジュを演じるのはハン・ヒョジュ。そして犯罪組織（韓国版では窃盗団ではなく銀行強盗などもする、より凶悪な犯罪組織となっている）で実行犯に指示を出すジェームズを演じるのはチョン・ウソンである。

『男たちの挽歌』では、リメイク版のキャスティングでイメージが変わってしまったと書いたが、『監視者たち』では、原作の雰囲気や年齢、キャラクターに合ったキャスティングとなっていた。特に、ソル・ギョングが、猫背で鼻眼鏡、しがないおじさんのような出で立ちで、部下からも親しみを持たれるキャラクターながら、仕事となると長年の〝監視者〟としての経験を感じさせ、ピリっとした緊張感も醸し出す多層的なキャラクターであるのもよかった。

私は韓国映画にある、後進のものを導くことのできる先輩や年配者の物語が好きだ。儒教的な考え方は、年功序列的な価値観を固定化するようなイメージもあるが、年配者が年配者だからこそ得た経験を後進に伝え、継承することをうまく描いていれば、ポジティブに受け止めることができると思う。この映画のソル・ギョングも〝導く〟キャラクターを演じていた。

また、韓国版では、上司サンジュンと部下「子豚」の情がより深まっているように感じた。原作では捜査官たちが車に乗って犯行現場に行くとき、上司のウォンが車を運転していて、部下の「子豚」が後部座席に乗っているのに対し、韓国版では、車（バン）には運転手がいて、後部座席でサンジュンと子豚は向かい合わせに座り、車内で事件に関する対話を目と目を合わせて頻繁にしているうちに、関係性も深まっていく。そのとき、地図の上にチェスの駒を乗せて犯人と警察官の動きを把握しているのも、観客にわかりやすく「見せる」演出でもある。

この映画には、優れた〝天井の目〟を持つものが三人いる。サンジュン、ジェームズ、そして子豚だ。アジアのノワール映画では、互角な能力を持った同士が、相反する組織に所属しながらも、その能力に惚れ、力をぶつけ合うというパターンがある。それは長らく「男同士」の関係性において描かれることが多かったが、『監視者たち』では子豚も類まれなる〝天井の目〟を持っているから、サンジュンともジェームズとも互角に張り合える好敵手となっているのである。

香港ノワールでは、主要な役の男性には、視覚的に「かっこいい」シーンが用意されることも多い。

「子豚」（ハン・ヒョジュ）

ジョン・ウーの作品では、主役がロングコートを翻すシーンが多いのを覚えている人もいるのではないだろうか。ちなみに、このようなシーンも男性が「かっこいい」部分を独り占めしていることが多かった。しかし、『監視者たち』では、子豚が、犯罪組織の一人を追うシーンで、正体がバレないように、着ていたコートを脱いで華麗に翻して裏返しにして腕を通すシーンがあるが、この「翻す」シーンを見て、この映画で「かっこいい」のは、子豚なのだなと納得した。

韓国版の『監視者たち』では、子豚がベテラン刑事サンジュンの背中を見ながら成長する物語という性質も強くなっている。子豚の成長が最も表れていたのが、後半のシーンだ。サンジュンが危険な目にあい、残った子豚が一人でジェームズを追うシーンがある。香港版ではウォン刑事がひん死の状態になったことに絶望して、香港版の子豚が雨の中、泣き崩れてしまう場面があるのだが、『監視者たち』では、いつまでも泣き崩れているわけではない。『監視者たち』では、ジェームズの顔を知っているのは、サンジュンと子豚の二人だけで、サンジュンが倒れた今、子豚が悲しみを乗り越えてジェームズの行方を突き止めなくてはならないという決意のシーンになる。このシーンがとてもよかったため、本書には、「女性を描いたノワール」の章もあるが、この作品もそこに入れてもいいのではないかと思ったほどだった。

原作から最も改変されていたのは、このように、監視班のひとりひとりのキャラクターがより鮮明に見えるようになっていたところである。それは、中心人物の子豚やサンジュンだけではない。監視者たちをまとめる女性上司（チン・ギョン）の描き方もより焦点がはっきりしていたし、日本でも有名なJYPことパク・ジニョンがプロデュースした人気のボーイズグループ・2PMのジュノが、「リス」というコードネームの捜査官として登場しているところも見どころになっていた。「リス」は「子豚」と同じくらいの年齢なのだが、子豚が入ってきたときには先輩ヅラをしてみたりとにかく愛嬌がある。

彼の愛嬌たっぷりのキャラクターがうまく観客に伝わっているからこそ、その後、彼が苦境に立たされるとき、香港ノワール『ザ・ミッション 非情の掟』（1999年）の「紙屑サッカー」のごとく、「あの頃は、あんな風にバカなやりとりをしてたのにな……」と胸がギュっとなるのである（ただ、後になって考えると、このキャラクターも、ある登場人物の成長のために存在する可哀そうな「冷蔵庫の女」ならぬ「冷蔵庫の男」かもしれないと思ってしまうところもあるが……）。ただ、ジュノの起用はやはりこの映画に不可欠であったのではないかと思う。

この頃の韓国映画界は、K－POPアイドルを俳優としてキャスティングすることも多かった。『ある会社員』に出演のZE：Aのドンジュンや、同じくZE：Aのイム・シワンや、EXOのド・ギョンスなど、アイドルグループのメンバーが続々と映画に出演するようになった。当初は「演技ドル」と呼ばれていたのだが、今はそんな言葉も使われなくなった。彼らが当たり前に活躍する俳優になったから、その前置きはいらなくなったのである。この映画を見返して、最近はあまりこうしたノワール作品には出ていないジュノにももっと映画に出てもらいたいものだと思った。

そんな風に、キャストの部分なども含め、『監視者たち』を改めて見返すと、その前年の2012年に公開された『10人の泥棒たち』（2012年）のことを思い出した。というのも『10人の…』もまた、主人公、悪役、若手女性、ベテラン女性、若手男性などのキャラクターが、全員生かされているマルチ・キャスティングの映画であり、その後もチョン・ウソン主演の『神の一手』（2014年）など、マルチ・キャスティングの映画が続々と作られていたからである。

『10人の泥棒たち』は、1300万人の観客動員数を記録した大ヒット作である。その少し前まで韓国映画界は停滞期で、観客動員1300万人達成という記録を樹立したのは『グエムル－漢江の怪物－』（2006年）以来、6年ぶりのことであった。

こうしたマルチ・キャスティングの映画は、『10人の泥棒たち』が大ヒットした２０１２年以降には韓国映画のトレンドとなった。よくよく考えるとこの当時は『共謀者たち（邦題は『共謀者』である）』（２０１２年）、『技術者たち』（２０１４年）など、「○○たち」というタイトルも多かった。本作『監視者たち』は、そんな中の一作であり、この作品も５００万人を超えるヒットとなった。多様な俳優が出演してそのキャラクターの魅力を描くというトレンドが、偶然にも原作の香港ノワールをさらにアップデートさせていたのかもしれない。

ちなみに、ジェームズが、キム・ビョンオク演じる靴磨き屋（は表の顔で、実はジェームズと依頼主を繋ぐ役割を担っている）から言われる「政治家も金持ちの事業家も俺たちも、誰もが泥棒だよ」という台詞が、いろいろ含みがあって気になる。つまり、ジェームズに犯罪の依頼をしてきたのは自分たちの不正を隠したい事業家なのである。２０１７年頃の韓国ノワールならば、こうした政治家や財閥の不正への怒りはもっと中心となるテーマである。この頃はまだ、台詞に盛り込むくらいであったが、こうしたテーマ性の芽はもう出ていたのだろう。

本作の監督は、脚本を兼ねたチョ・ウィソクと撮影監督も兼ねたキム・ビョンソの二人が手掛けているが、その後チョ・ウィソクは、イ・ビョンホン、カン・ドンウォン、キム・ウビンの『MASTER マスター』（２０１６年）を撮り、２０２３年5月からはキム・ウビン、ソン・スンホンが出演するＮｅｔｆｌｉｘオリジナルシリーズ『配達人～終末の救世主～』が配信中である。

豪華版 Blu-ray BOX　6,380 円（税込）
発売元：クロックワークス
販売元：TC エンタテインメント

『毒戦 BELIEVER』（2018年）
を見終わった後の余韻は『別れる決心』と似ていた

監督：イ・ヘヨン　脚本：チョン・ソギョン
出演：チョ・ジヌン、リュ・ジュンヨル、キム・ジュヒョク、チャ・スンウォン

韓国映画『毒戦 BELIEVER』（2018年）は、ジョニー・トーが初めて中国大陸で全編を撮影した『ドラッグ・ウォー 毒戦』（2012年）のリメイクである。

『ドラッグ・ウォー』は、冒頭でルイス・クー演じる主人公である香港出身のテンミンが嘔吐しながら車を運転し、そのまま道路の傍にある中華料理店に突っ込むというインパクトのあるシーンから始まる。テンミンはコカイン工場の爆発から逃れていた途中で、中国公安警察の麻薬捜査官ジャン警部（スン・ホンレイ）と出会い、減刑を条件に捜査への協力を要請されるのだった。

中国では、覚せい剤に対する罪は重い。テンミンの場合も死刑となるため、常に追い詰められていて、仲間をいとも簡単に売ってしまうような、なりふり構わない様子が印象深い。なんとしてでも生きようとするテンミンの執念がこの映画の見どころと言ってもいいだろう。

最終的にはテンミンとジャン警部の意地がぶつかり、彼らの通った後には、なにひとつ残らない……という結末が殺伐としていたし、ここにジョニー・トーが訴えたいものがあるのではないかと思った。

実は香港映画を見始めてしばらくは、多くの香港の娯楽映画には、政治性を感じていなかった。しかし、公開当時のジョニー・トーのインタビューやドキュメンタリー『あくなき挑戦 ジョニー・トーが見た映画の世界』（2013年）を見て、その考えは変わった。

香港の映画人であれば、一国二制度のことは常に頭にあっただろう。そこから考えると、初めて中国で全編を撮影し、公安を描いた作品の中で、香港人であるテンミンが中国においてしぶとく生への執着を見せることは、何か強い意味があるように思えてくる。

また、テンミンがジャン警部と協力して捜査にあたるも、一切、二人の間に「情」が交わされないことにも驚かされた。『ザ・ミッション 非常の掟』（1999年）のように、なんでもないお遊びをする「紙屑サッカー」のようなシーンがひとつも出てこないのだ。テンミンの執念は、香港（自分）は中国（ジャン警部）に呑み込まれてはいけないという気持ちとつながっているのかなと、深読みをしてしまった。

『男たちの挽歌 A BETTER TOMORROW』のページで、私は『男たちの挽歌』の韓国版では、設定が北朝鮮から来た兄弟の話に設定が変わっていたと書いた。『毒戦』を韓国でリメイクするなら、そのような改変もありだろう。しかし、韓国版『毒戦 BELIEVER』には、そのような改変はなかった。

もはや、小手先の現地化はいらないのである。その代わりと言ってはなんだが、主人公はチョ・ジヌン演じる刑事のほうになった。むしろ、ビジュアルや華でいうと、ルイス・クーがやったしぶとい麻薬犯が主役でもいいはずである。その麻薬犯は、チョ・ジヌンよりも一回りほど若いリュ・ジュンヨルに変わっていた。

私は『男たちの挽歌』のページで、役者がスタイリッシュすぎたと書いた。『監視者たち』では、原作とぴったりあった俳優が演じることが功を奏したと書いた。しかし、『毒戦』では、それとはまた別で、設定はそのままに、キャラクターはまったく別物になっている。もはや韓国映画のリメイクは、単に原作を忠実になぞるという段階ではなくなったのだと思う。個人的にも、リメイクや漫画や小説の映像化も、その物語の核の部分をどのように解釈するかのほうが重要ではないかと思っている。

ここで、今一度韓国版の『毒戦 BELIEVER』のあらすじについて紹介しよう。麻薬取締局のウォノ刑事（チョ・ジヌン）は、麻薬製造工場の爆破現場の唯一の生存者のラク（リュ・ジュンヨル）と出会う。組織に見捨てられたこのラク青年は、ウォノ刑事の協力者となるのだが、香港版のように、警察に協力しないと彼が死刑になるという切迫感はない。

若いラクには、何か得体のしれないオーラがあり、またラクの組織には、誰もその顔や正体を知ることのない「イ先生」という黒幕がいる。その正体をつきとめるという要素がストーリーに加味されることで、よりサスペンスの色が強くなっているのも特徴であるし、そのことでオリジナルとリメイ

ウォノ刑事（チョ・ジヌン）とラク青年（リュ・ジュンヨル）

ク版は、まったく違う映画を見たような印象になっていた。

この映画の中で、もっとも目を引かれるシーンは、何といってもウォノ刑事が麻薬取引の現場で、闇マーケットのクレイジーなボスになりすますシーンだ。彼は麻薬を吸うしかない状況においこまれ、慣れた様子で麻薬を鼻から吸いこみ、その「芝居」が終わった後に、氷の張ったバスタブに入り、生死をさまよう。このシーンは香港版にも存在するが、ウォノという刑事の、そこまでやらないといけないのかという気迫が伝わってきて、妙なセクシーさがあった。

というのも、私はウォノ役のチョ・ジヌンに思い入れがある。彼が２０１１年に出演した全62話のホームドラマ『愛を信じます』の日本版ＤＶＤ発売のときに、全話のあらすじを書く仕事をしていたからだ。この頃のチョ・ジヌンは今よりも太っていて、三枚目的な役をやっていた。登場人物の多いホームドラマで、彼が主人公とどのような関係なのかを説明すると、物語の中心となる浄水会社社長一家の従妹・ウジンの母で女優をしているファヨンのマネージャーの兄。自身は食堂を経営している。それでも、なんとなくチョ・ジヌンは気になるキャラクターで、今になってこのドラマの中で私が今でも記憶しているのは、チョ・ジヌンただひとりだけなのである。

そんなホームドラマに出ていた彼が、徐々に韓国ノワールのバイプレーヤーとして活躍し始め、あれよあれよという間に主役にまで上り詰め、500万人もの観客動員数を記録したのである。感慨深くないわけはない。彼が麻薬によりひん死状態で氷の張ったバスタブで生死をさまようシーンがセクシーに見えたのは、ホームドラマの頃の彼とのギャップの大きさによるものかもしれない。

チョ・ジヌン演じる刑事に相対峙するリュ・ジュンヨルも独特のオーラを纏っていて、相手にとって不足はない。この頃のジュンヨルは『ザ・キング』(2017年)『タクシー運転手 約束は海を越えて』(2017年)など、映画に出れば、必ずいいところを全部かっさらっていくくらいの勢いがあったのだ。

香港版と韓国版がまったく違う印象の映画に見えた理由はほかにもある。男二人の間に「信じるか、信じてはいけないのか」という視点が入っていることだ。「信じる」ということはもちろん「情」に繋がっていくのである。

ウォノとラクという二人が、香港版にはなかったが本来のノワールではよく見られる「相反する組織に属していて、本来ならばシンパシーを持ってはいけない二人が、なんとなく感じ合ってしまう」というお約束を演じている。二人は、なにかしら惹かれあう部分を持ち、特にウォノは、事件が解決した後もラクに執着を持ち、彼を探し続け、そしてエンディングで再会する。

この映画を、2023年に見返していたら、パク・チャヌク監督の新作『別れる決心』と重ねてしまった。

刑事と被疑者がいて、二人はシンパシーを感じ合ってはいけないのに、やがて惹かれていく。事件は解決するが、それでも体のどこかに相手の記憶が残っていて、もう一度その気持ちを確かめようとする……。そんな感情の流れに二作品は共通点があるのだが、あとになって重要なことに気づいた。この二作品は、同じ脚本家＝チョン・ソギョンが両作品の監督と共同執筆していたのだった。

第四章 『新しき世界』前夜

ソン・ガンホの人間力にキュンとくる恋愛×ノワール

『青い塩』（2011年）

監督・脚本：イ・ヒョンスン
出演：ソン・ガンホ、シン・セギョン、チョン・ジョンミョン、イ・ジョンヒョク

ソン・ガンホというと、ダメな父親が必死に家族というものを背負おうとしているような役のイメージが強くなったが、かっては裏社会の人間を演じることもあった。2011年の『青い塩』は、20歳ほども年の離れた女性との淡い恋も描いたノワールだ。監督は、イ・ジョンジェとチョン・ジヒョンの『イルマーレ』（2000年）をヒットさせ、アメリカでリメイクもされたイ・ヒョンスン。実に『イルマーレ』以来、10年ぶりにこの作品でメガホンをとったことでも話題となっていた。ちなみに撮影を『監視者たち』で監督と撮影監督をしたキム・ビョンソが担当している。

脇を固める俳優に見知った人も多い。信頼ならない男として多くの作品に出てくるイ・ギョンヨンに、『ミナリ』（2021年）でアカデミー賞助演女優賞を受賞したユン・ヨジョンの姿もあった。こ

のほか、当時、韓流ドラマの注目株であったチョン・ジョンミョンや、G−DRAGONの姉と結婚したことでも話題のキム・ミンジュンも出演している。キム・ミンジュンは、柔道をやっていたこともあり、アクションも期待されていた。2005年には『お前を逮捕する』というクライム・コメディ・ノワール映画に主演したりもしていたのだ。

『青い塩』で、ソン・ガンホ演じるドゥホンは組織から足を洗った元ヤクザで、将来、レストランをやろうと考え料理教室に通っている。その教室には、セビン（シン・セギョン）という若い女性も通っていた。次第に距離を縮めていくように見えた二人だが、実はセビンはドゥホンを見張るために料理教室に通っている暗殺者だった……。

この説明も何度目かという感じだが、ノワールには、決して心を通わせてはいけない二人が、なぜかお互いに惹かれるようになり、そのことで悲劇が生まれるという作品はたくさんある。ただ、それは男同士であることが多い。それが男と女で繰り広げられるものは、意外と少ないが、この作品は男と女で繰り広げられる。

セビンは今見るとメイクも服装も言動もギャルのようである。彼女はもともとは射撃の選手であったが（ソン・ガンホは『グエムル』でも妹役のペ・ドゥナがアーチェリーの選手であったし、『パラサイト』でも妻がハンマー投げの選手であった。選手に縁がある）、後にその腕を買われて職を転々とする中で借金を抱え、また友人を助けるために今は裏社会に使われている。しかし、料理教室で出会うドゥホンの人の好さに触れて、徐々に彼に親しみを覚えてしまう。

二人が、「デート」に行く場面では（このデートもドゥホンが家にいると狙撃される可能性があるから外に連れ出すという意味合いもあるのだが）、二人で見る映画は、当時ヒットしていた『サニー永遠の仲間たち』（2011年）であった。しかも主人公たちが「少女時代」を名乗るシーンであるし、セビンがカラオケで歌う曲は、2NE1（YGエンターテインメントのガールズグループで、BLACKPINKの大先輩のような存在である）の「Fire」であったりして、当時の空気を思い出すとともに、やはりK‐POPの勢いの大きさも感じる。ちょっとやさぐれたギャルのセビンが、当時2NE1が主に流行らせたスモーキーメイク（目のまわりを黒く囲んだメイク）をしているのも納得である。

映画を見始めたときには、ソン・ガンホと若いギャルの意外なラブ・ストーリーかと思っていたのだが、ソン・ガンホはやっぱり人間的魅力にあふれまくっているために、セビンが少しずつ彼に惹かれていくのを見て、「わかる、わかるよ……」となってしまった。ソン・ガンホのファンにも隠れた人気の一作になっているようだ。

ソン・ガンホが、若い女性にデレデレするというよりは、節度を持って接しているのも良いポイントだ。

大泉洋と小松菜奈の映画に『恋は雨上がりのように』（2018年）という作品がある。この映画も、大泉洋演じるファミレスの店長が、小松菜奈演じるアルバイトに好意を持たれても、若い彼女の一時の気の迷いかもしれないから、いたずらに気持ちを受け取っては彼女の輝かしい青春のためにならないという考えから、彼女を尊重し距離を置くところがよかったのだが、『青い塩』の関係性にも、そのような大人の男性の分別が見える。が、それでもしっかり、ラブコメドラマの用語でいうならば「胸キュン」なシーンもしっかりあるし、それがまったく不自然ではない。

しかし、『青い塩』はノワール作品でもある。セビンはドゥホンを殺さなければ、自分や友人にも危険が及んでしまうし、二人の間に行き違いもあって、ドゥホンに銃を向ける……。結末に少し『ロミオとジュリエット』を思い出す部分もあった。

この映画、ラブ・ストーリーでもあり、ノワールでもあるということが功を奏し、当時はまだ少なかった女性の有能なスナイパーを登場させることにも成功している。そのため、セビンが単にドゥホンに守られる「お姫様」にならないストーリーになっている。

しかも、セビンがドゥホンを見張る役割を担っていることでも、通常、よくある男女の「見る・見られる」の関係が反転しているのである。

パク・チャヌクの最新作『別れる決心』(2022年)では、刑事が被疑者を見張ることで、当初は「見る男」と「見られる女」であった関係性が、いつしか被疑者が「見る女」となり、刑事が「見られる男」へと変化していて興味深い映画であった。この映画を見た後に、『青い塩』を見ると、『青い塩』では、すでにこうした関係性が反転していたことに気づくのである。

この映画の日本版のDVDジャケットは、ドゥホンのアップと、セビンのアップの写真が上下に配置され、真ん中に、青い塩田で、銃を向けるセビンと、銃弾に倒れようとしているドゥホンのシーンの写真が使われている。

この青い塩田のシーンのビジュアルが美しくて、一度見たら忘れられない。この映画を見た後は、韓国には水面を美しく生かした映画がけっこう多いようにも感じる。『イルマーレ』も、海の上に建築された家の映像が忘れられない作品だが、さすがはイ・ヒョンスンと言ったところだ。

ネタバレはできないタイプの映画だが、いろんな伏線をはりながらも、あっと驚く展開で最後まで楽しませてもらった。

因果応報では解決しないリアルなノワールの夜明け

『生き残るための3つの取引』（2010年）

監督：リュ・スンワン　脚本：パク・フンジョン
出演：ファン・ジョンミン、リュ・スンボム、ユ・ヘジン

これまで、韓国ノワールの転機となった作品は『新しき世界』（2013年）だと思っていた。だが、『新しき世界』の監督であるパク・フンジョンが脚本を、『ベテラン』（2015年）や『モガディシュ　脱出までの14日間』（2021年）のリュ・スンワンが監督を務めた2010年の映画『生き残るための3つの取引』を再び見てみたところ、この作品こそが韓国ノワールの転機であると確信した。ファン・ジョンミン、ユ・ヘジン、リュ・スンボムといった、現在も映画で活躍の三人による文字通りの生き残りをかけた戦いを描くこの作品。

物語は、連続少女暴行事件の有力な容疑者を証拠不十分のままある刑事が撃ち殺してしまったところから始まる。その事実が大統領に知られる前に、別の犯人をでっちあげろという暴挙に出る警察幹部。警察庁広域捜査隊のチョルギ（ファン・ジョンミン）は、優秀な刑事で、つい最近もテギョン・グルー

プ会長のキム・ヤンス（チョ・ヨンジン）の不正を暴き、逮捕したばかりで、その次にはキム・ヤンスのライバル、ヘドン建設会長のチャン・ソック（ユ・ヘジン）のことを調べていた。しかし、チョルギの妹の婿がチャン・ソックを強請って金を受け取っていたり、また後輩のマ警部補（マ・ドンソク）の過剰調査（つまり、賄賂を受け取っていたのだ）の件もあり、役職を解任されようとしていた。キム会長から賄賂を受けていて、会長に便宜を図ろうとしている検事のチュ・ヤン（リュ・スンボム）も、チョルギを落とし込もうと、彼の身辺を探り始めていた。

しかし、大統領に犯人検挙の実績をアピールしたい警察上層部は、犯人でっちあげを急いでいて、何の後ろ盾もないチョルギを、義弟の強請やマ警部補の過剰調査を穏便に済ます代わりに、捜査の中心人物に任命。チョルギは上司から「これからは、警察大出身でない同僚のためにも頑張らないと」と言われ引き受けるのだった。チョルギは優秀だが警察大学出身ではなく、出世する警察大出身者を見送るばかりで、悔しい思いをしてきた。ちなみに広域捜査隊は韓国のＦＢＩとも言われ、エリートで構成されている部署である。

連続少女暴行事件の犯人をでっちあげる任務を受けることとなったチョルギは、元ヤクザであるチャン・ソックなら、裏で動いてもらうのに有利だろうという算段で彼に近づく。チョルギは犯人に適当な人物（強盗と二件の児童への性的暴行で前科を持っているイ・ドンソク）を〝キャスティング〟し、チャン・ソックは、〝役者〟であるイ・ドンソクの家族に金を渡し、やってもいない事件の犯人として逮捕されるように説得するのだった。

この本では、2010年代に入るまで、プロットやあらすじを見れば、一目で面白そうに感じる派手そうな企画に、日本で公開したときにも受けのよさそうな誰もが知るスター俳優や、新たに人気の出てきた演技ドルをキャスティングし、メロドラマのラインが少しあり、そして出演者や知名度のあるアーティストによるエンディング曲を使って……といった韓国ノワールが作られてきたことを書いてきた（それは今の日本の映画界の状況そっくりである）が、『生き残るための3つの取引』は、それとはまったく別のタイプの作品であることがわかる。第一に、あらすじを書いただけでもわかるのだが、物語がそれまでよりも複雑になっているからだ（ちなみに、韓国ノワールについて年代を追って書いていくと、徐々に物語が歴史と重なったりする複雑なものになってきて、ひとつの文章を書くのにどんどん時間を要するようになってきてしまった）。

複雑に絡み合う三人の登場人物の生き残りの物語は、一見地味であるし、私自身、一度見たあとにも何度も見直し、整理してその複雑な面白さを味わったところである。また、どの登場人物にも正義のない話というのは、『映画は映画だ』（2008年）や『最後まで行く』（2014年）など、いくつも描かれてきたが、『生き残るための3つの取引』も、そんなどこにも正義のない殺伐とした話だ。韓国のタイトルが『不当取引』ということからもわかるだろう。

そして、生き残りをかけて戦ってきたチョルギは、刑事としての一線を超えてしまう……。もともと、チョルギは手荒なことをする刑事ではあったが、彼の中に正義がなかったわけではない。財閥同士の争いや、その背後で権力と金を交換しているような検事に対してもまっとうな疑問を持って捜査してきたのだろう。また警察は学歴と学閥に支配されており、なんの後ろ盾もなく懸命に働く日本で言うところのノンキャリアのチョルギやマ刑事のようなものは、決して豊かな暮らしをしているわけではない。彼が無理な任務を引き受けたのは、そんな現時点での状況に風穴を開けたいという気持ちも少しはあったはずだ。こういう善悪の間で揺れる人物像を演じられるのは、ファン・ジョンミンならではだろう。

一方、元ヤクザで建設会社社長を演じるユ・ヘジンも見事だ。最近のユ・ヘジンは『タクシー運転手 約束は海を越えて』（2017年）や『コンフィデンシャル／共助』（2017年）などで見せる、人の好いおじさんのイメージも強いが、本作の出演時は、まだ40代になったばかりという頃で、エネルギーにあふれて狡猾さもあり、かつ隠し切れない小物感もある（映画の中の彼を見ていたら、さらば青春の光の森田を思い出してしまった）。

検事を演じるリュ・スンボムは、監督のリュ・スンワンの実弟である。クセの強い風貌にクレバーで憎たらしい役が似合う。検事が悪徳であるという韓国ノワールはあるときを境に多くなった。私がそれを意識したのは、2017年の『ザ・キング』であった。政治などの重大な動きを隠すときに、芸能人のスキャンダルなどのニュースを流すようなことがあるというまことしやかな話は都市伝説であり、そんなことを言及すると日本ではバカにされていたが、『ザ・キング』でははっきりと、検事が都合の悪い真実を隠すために、適当な事件を世に流すというシーンがある。検事がそこまで権力を持ち、世の中を動かしているということを、私はこの映画で初めて知った。日本では、検事のそのような一面を描く映像作品は少ないように思う。

しかし、実は韓国ノワールでも、検事を扱った作品は2000年代までは多くなかった。本書にここまで書いてきた2000年代の韓国ノワールでも、検事が関わる作品は少なく、『生き残るための3つの取引』が、検事を描くノワールのある種の始まりではないかとも思える。

しかし、このタイミングで検事を描くノワールが作られたのも偶然ではないようである。この映画の韓国での公開は2010年10月28日であるが、同じ年の4月にMBCの調査報道番組『PD手帳』で現職・前職の検事57人が建設会社社長から接待や賄賂を受け取っていたという「検察スポンサー事件」が報道されたため、この映画も注目され、結果280万人を動員したのだという（2010年は、280万人でも大ヒットと言われていたのである）。※

『生き残るための…』を見ていて気付いたことがある。これまでの韓国ノワールには、カラオケやホテルのVIPルームで女性をはべらせた登場人物が爆弾酒などを飲んでいるところに、敵が入ってきてテーブルの上のグラスを倒し乱闘が始まる、というようなシーンが多かったが、2010年代になると減っていき、日本料理の高級料亭での密談シーンが多くなってくるということだ。それは、韓国ノワールが扱うテーマが、ヤクザや黒社会間の問題ではなく、検察や官僚、財閥などの問題を扱うよ

※ https://jp.yna.co.kr/view/AJP20100426002200882

うになったからであり、そうした世の中にある権力の連鎖と矛盾を描くようになってから、韓国映画が、格段に面白くなったのではないかという気がしてきた。

リュ・スンワン監督は、後の『ベテラン』でも、財閥の腐敗を描いた。実在の事件は、そのときの韓国社会にある問題点をあぶりだしているから、きらびやかなスターが出演していなかったり、派手な企画でなくとも、人は映画館にやってくる。もちろん、そこには観客である大衆が、社会の問題点や矛盾に対して「怒り」を持っていることが重要である。『生き残るための……』の動員数の280万人という数字は、今の韓国映画からすると決して多い数字ではないが、2010年の韓国では、ファン・ジョンミン、ユ・ヘジン、リュ・スンボムという個性的な三人の主演作でここまでの動員数は珍しかったはずであるし、それからの韓国ノワールの可能性を広げたのではないだろうか

脚本を担当したパク・フンジョンの活躍は誰もが知るところであるが、この映画をヒントに『新しき世界』を作ったのではないかと思われる部分もある。『生き残るための…』のファン・ジョンミン演じる刑事は一度は悪に同化したことですべてを手にして、「新しい世界」を見るのだが、世の中はそこまで単純ではなかったのだった。

ここからは終盤のネタバレになる。『生き残るための3つの取引』の最後は辛辣で後味が悪い。結局、大統領に顔を立てたい警察幹部の命令によって、現場の刑事や元ヤクザが右往左往させられるのであるが、最後の最後に、犯人としてでっちあげたイ・ドンソクこそが真犯人であったとわかる。

つまりチョルギは、実は真の犯人を捕まえただけであるというのに、警察幹部のメンツのために悪

を背負い、破滅してしまったのだった。彼を最後まで庇うマ・ドンソク演じる刑事には、正義があるようにも思えたが、結局、彼も過剰捜査で賄賂を受け取っていて、そのことがきっかけのひとつになって、チョルギを破滅に向かわせたのである。救いがない……。

韓国映画や韓国ドラマでは、因果応報がテーマとなっており、良いことをしたものには報いがあり、悪いことをしたものは罰が与えられるということがお約束の時代もあった。しかし『生き残るための3つの取引』においては、そう単純ではない世界が描かれる。

結局、チュ・ヤン検事は、あれだけの悪事を働きながらも、権力と財力を持った義父のコネと検事であるということに守られて、その後ものうのうと生きていくことが示される。これが、この映画の最も後味の悪い部分なのであるが、現実にも権力によってのうのうと生き延びているものがいるはずである。因果応報は、「そうであったらいいな」という願望でもある。しかし、その因果応報に頼らないリアリティが描かれることによって、この後の韓国ノワールは内容的にも、そして動員数的にも飛躍的に前進することになるのである。

人間のカッコ悪さや滑稽さを、濃い面々で突き詰めた群像劇

『悪いやつら』（2012年）

監督・脚本：ユン・ジョンビン
出演：チェ・ミンシク、ハ・ジョンウ、チョ・ジヌン、マ・ドンソク

『悪いやつら』を試写室で見たときのことははっきり覚えている。確か、六本木にあったシネマートの試写室で上映されていて、帰りに出演者の一人を見たからだ。見たのは韓国のキャストではなく、日本のヤクザ役を演じていた人物である。その人は俳優ではなく、紅虎餃子房などを手掛ける際コーポレーションの社長の中島武氏であった。シネマートからの帰り道に、「あれ？　さっき見た人がいる！　この人ほかにどんな映画に出てた人だっけ？」と考えていたら、際コーポレーションのあの社長であることを一緒にいたライターさんとの会話かなにかで知ったのである。

映画のビジュアルとチャン・ギハと顔たちによるエンディング曲は新鮮で記憶にのこっているが、内容についてはあまり覚えていなかった。でも、なにかこれまでの韓国ノワールとは違うものを感じたのも事実だ。

映画の主人公はチェ・ミンシク演じる税関の公務員チェ・イクヒョンとハ・ジョンウ演じるヤクザのチェ・ヒョンベだ。イクヒョンは、なにかあると公務員としての力をひけらかして、賄賂として小銭をせしめていたが、麻薬に関わる大きな案件に関わったことがきっかけで、仕事を辞め、裏社会のボスのチェ・ヒョンベと知り合う。

同じチェという姓を持つヒョンベが遠い親戚と分かると、調子にのって親戚のおじさん面をしたイクヒョンは一度はヒョンベに絞められる。しかしヒョンベは父親から親戚は大切にするようにと言われ、二人は共に行動をとるようになる。ヒョンベも一時期は「血縁」を信頼していた。

イクヒョンは、小狡くて口だけは達者で、すぐに調子に乗っていらぬことを言ってはトラブルを起こしてしまう。ヤクザでもないのにヤクザ面をするイクヒョンに呆れ、ヒョンベも苛立ちを感じるようになっていく。

ある日、女性から、自分がヒョンベに次いでナンバー2であると言われたイクヒョンは、プライドが傷つき、自分こそがナンバー1であると虚勢をはるようになってしまう。自分を小ばかにしていると感じたヤクザの部下を絞めようとするのだが、ヒョンベに見つかり面目は丸つぶれ。悔しいイクヒョンは、ヒョンベと敵対するヤクザのキム・パンホ（チョ・ジヌン）と近づくのだが……。

チェ・ミンシクにハ・ジョンウという二大俳優が主人公ながら、わき役もチョ・ジヌンに、マ・ドンソクにクァク・ドウォンにと豪華な顔ぶれ。と言っても、当時は彼らも主演もするような俳優ではまだなかった。しかし、当時この映画を見て、韓国にはいい顔の役者がいっぱいいるなと思ったのも事実である（それが、この映画のユン・ジョンビン監督の次の作品『群盗』（2014年）にもつながっている）。

特にマ・ドンソクはチェ・ミンシク演じるイクヒョンの娘婿で、格闘技をやっていた経歴から、義父のイクヒョンに請われて、彼の用心棒を始める。あのマ・ドンソクが同僚ヤクザにあっさりと殴られて「負け顔」をしているのが今では信じられないくらいだ。この頃のマ・ドンソクの胸板も二の腕も、今の半分くらいに見えた。

チョ・ジヌンは今よりも大柄な感じで、モミアゲが長く、顔もギトっていてキャラが濃い。クァク・ドウォンは悪徳検事で、抜け目がなくいやらしい役どころが安定している。

この映画は、1980年代の歴史的映像から始まり、1990年に盧泰愚大統領が「犯罪との戦争」を宣言し、暴力団を一掃しようとした歴史的事実とともに描かれたフィクションだ。クァク・ドウォン演じる検事は、釜山において、暴力団を一掃する手柄を立て、もっと出世しようと動いていたのだ。だから、この映画の韓国のタイトルも『犯罪との戦争：悪い奴らの全盛時代』という。

そんな時代の波にのみこまれたのが、この映画に出てくる「悪いやつら」の面々なのだが、ヒョンべはたぶん、ヤクザである自分に多少のプライドがあり、大叔父のイクヒョンが、いっちょ噛みでヤクザぶっているのが腹立たしくて、「ヤクザをやめて一般人になれ」と告げる。しかしそれは、ヒョンべとイクヒョンの運命を皮肉にも分かつこととなった。

ヤクザのヒョンべは警察に逮捕され、一般人であったイクヒョンは、検事と手を組み、検挙されることをうまく免れる。しかし、イクヒョンとて無傷ではない。ヒョンベを裏切ったことで、部下たちに半殺しにされる。このときのチェ・ミンシクの情けなさがこの映画の見どころかと思えるくらいだ。可愛くて可哀そうで情けなくて、目も当てられないけれど、なのに、でもずっと見ていられるのだ。

普段「カッコいい」イメージの俳優があえて「カッコ悪い」ことをすると、どうしても逆に自意識やナルシシズムがにじみ出てしまったりして「カッコいい」ことが際立ってしまうことがあるのだが（ただ、それも見せ方のひとつでもある）、チェ・ミンシクがどんなに無様な姿を演じても、そこに俳優として「おいしい」と思う感じや、ナルシシズムがにじみ出てこない。これは計算できるものではないと思う。彼が韓国で唯一無二の俳優である理由がわかる気がした。

チェ・ミンシクがどんなに酷い目にあわされても、なぜか悲壮感がなく、それでもなおコミカルでひょうひょうとして見える。そんなシーンを見ていると、この映画は、とにかく「かっこいい」ことを避けようとしているのだと気づいた。それは、ラスト近くで、チェ・ミンシクとハ・ジョンウが一騎打ちをするシーンで明らかだ。

韓国映画では、対決する二人が最後の最後に拳と拳で殴り合うのがお約束であった（今もある）。こうしたシーンは、アクションを「見せる」ことを第一に考えているもので、流れるように華麗に設計されたアクションで見せることが多い。

しかし『悪いやつら』では、主役の二人が殴り合うそのシーンにかっこいい見せ場はない。アクションの型が決まることもなく、モタモタしたとっくみあいを繰り返し、人間同士の「死にたくない」「自分だけは生き続けたい」という無様で滑稽で正直な感情だけが目に焼き付いたのである。

この映画には、血族の強さと、家父長制に基づいて自分の子孫にだけは反映してほしいと思うような素朴なヒューマニズムを最後まで捨てられないイクヒョンが主人公になっているし、多くの韓国映画やドラマで描かれてきたような「因果応報」も描かれている。また、主人公たちの行動の基本にあるのは、「自分がバカにされた」とか「メンツをつぶされた」とかという、「序列の問題」だ。「家父長制に基づいた情」「メンツや序列」「悪いことをしてもいずれは裁かれるという因果応報」の3つは、韓国の映画やドラマでは切ってもきれなかった(今もかもしれないが)。ただ、この映画は、それにこだわることの滑稽さや限界も描いているのだとも思う。

今、改めて『悪いやつら』を見ると、『新しき世界』以降は、家父長制度や血縁や異性愛規範に基づいた情ではなく、別の情があることを描き、悪いことをしても狡猾な奴は裁かれないことが世の中にはあると示す映画が多くなったことに気づく。

この『悪いやつら』も映画を見た当時なりの斬新さがあった。2000年代には、兵役除隊後の人気俳優が「新たな顔を見せる挑戦」として選んでいた韓国ノワールというジャンルが(もちろんそれだけではないし、そんな中にも面白い作品はある)、チェ・ミンシクや濃いわき役が一堂に会することによって、滑稽だけれど、どこかコミカルに人間の無様さを描こうとする群像劇に変化したことは新鮮だった。

その後、ユン・ジョンビン監督は、2018年の『工作 黒金星《ブラック・ヴィーナス》と呼ばれた男』で歴史に翻弄されながらも、強い情で結ばれた二人の男を描いている。

あの頃、なぜ勧善懲悪が求められていたのか

『ベテラン』（2015年）

監督・脚本：リュ・スンワン
出演：ファン・ジョンミン、ユ・アイン、ユ・ヘジン、オ・ダルス

『ベテラン』（2015年）を試写室で見たとき、韓国映画の刑事はなんと荒々しいものかと驚いた。2015年の世の中であっても、ファン・ジョンミン演じるソ・ドチョルは破天荒な刑事だった。犯人を殴るし、それを「正当防衛」とみせかけるために、自ら傷をつけて血を流し、適当な鉄の棒を犯人に握らせ、偽の証拠をでっちあげる。しかし、そんなこちらの違和感も呑み込ませてしまうのは、ドチョルがベースの部分では、ぶれない正義感を持っているからだろう。

では、その正義感とはなんだろうか。映画が始まってすぐに、ドチョルが信頼に足る人だとわかるシーンはやってくる。彼が劇中映画『女刑事』（ベタなタイトルである！）の監修をしたということで、映画出資者たちのパーティのVIPルームに呼ばれたときのことだ。そこには、この映画のヴィランとでもいうべき財閥・シンジン物産の御曹司で、映画会社の大株主のチョ・テオ（ユ・アイン）や、

豊胸専門の整形外科医、江原道でコンドミニアムを経営（紹介者が自然破壊業と言っていたが、なかなかブラックジョークが効いている）という面々がいた。肩書を聞くだけでも嫌なパーティである。

ドチョルも嫌なパーティだと思ったのだろう。テオに対して「(大企業の社長なら）もっと派手に遊ぶかと」と嫌味を言うと、テオに火が付き、隣にいた女優の胸元に氷を詰め込み、またもうひとりの女優の顔にケーキの生クリームを投げつけ、バナナを口に無理やり押し込んで「こうやって遊ぶべきか?」と挑発するのだった。

ドチョルは、この光景を見て一瞬で表情を変え、ドン引きしているのが伝わってくる。もちろん、ここで「なんてことをするんだ」と止めることはできるだろうが、たぶん、そんなことではテオの素行は変わらないだろう。テオは、テーブルの上にあるグラスをなぎ倒し、そこに上がって大げさに土下座をするが、それでも動じないドチョルを見て「さすがベテラン、カッコいい、タフガイだ」とわざとおどける。ドチョルは冷静に「罪は犯すな」と一言だけ告げ立ち去るのだった。これがベテランの勘ってやつだろう。

リュ・スンワン監督の『生き残るための3つの取引』（2010年）では、誰にも正義はなかったが、今回のファン・ジョンミンには正義がある。対して、とことん正義がないのがテオである。彼は、自分の会社に対してデモをして抗議をしていたトラック運転手を自室に呼び寄せ、息子の見ている前で、下請け会社の社長とスパーリングをするよう促す。その後、運転手はシンジン物産の建物内で謎の転落をして危篤状態に……。ここまで酷いことをされたら、韓流ドラマならば、運転手の息子が大人になってシンジン物産に入社し、テオに直接、復讐でもしないと納得がいかない。

　しかし、この映画は父を危篤状態にされた息子の復讐譚ではない。悪いことをしたものは、法(警察の手)によって裁かれるべきなのだ。

　それにしてもチョ・テオは、日本のインターネット上で見かける差別心たっぷりの言説に似ている。テオは「俺らの税金で国がまわっている」というし、トラック運転手に対する不払いの額がわずかであることを知って、こんなはした金のために自分の時間を奪うのかと憤るし、デモをやっているものは、自分に迷惑をかける悪者と見ている。テオの弱い面やトラウマに焦点を当てたりもせず、心底よくないと描いているのがこの映画の救いだ。

　思えば、勧善懲悪の韓国ノワールは意外と多くなかったが、この頃から増えた印象である。それは初期の「因果応報」とも違う。因果応報は、悪いことをしたものは

ドチョル刑事（ファン・ジョンミン）と財閥の御曹司テオ（ユ・アイン）

お天道様から罪を受けるべきという、ある意味、自然や神の領域の話になるが、勧善懲悪は、善（この映画で言えば警察とか法）が悪を懲らしめるのである。個人的な恨みではなく、もっと大勢の意思、民の総意が関係しているといっていいだろう。

財閥家族の横暴を描いた『ベテラン』は、実際の韓国の社会情勢とリンクしている。この映画の韓国での公開は2015年8月5日だが、その8か月前に、日本でも話題となったナッツ・リターン事件が起こっているのだ。

このナッツ・リターン事件とは、大韓航空のファーストクラスに乗っていた大韓航空の当時の副社長が、機内で提供されたナッツに文句を言って、そのことで飛行機を搭乗ゲートにリターンさせた事件のことを言う。

もちろん、『ベテラン』の撮影は、どう考えてもこのナッツ・リターン事件よりも先に始まってはいるだろうが、韓国社会に財閥や企業の世襲に対しての反感の感情がすでにあり、一般市民が財閥に属する人々の横暴などを目にしたり耳にしたりした機会もあっただろうと考えられる。庶民が慎ましく生活しているのに対し、財閥に富が集中したり、財閥関連の企業に就職しなければ、苦しい生活を強いられてしまう、といったさまざまなことが絡み合って、民意が爆発寸前であったのだろう。そういう空気を映画に汲み取っていたからこそ、偶然にも映画公開とナッツ・リターン事件の次期が絶妙に重なったのだと思う。

そして、現実に人々が感じている疑問や憤りが映画に描かれていれば、人々は映画に共感できる。こうした国民の感情が生まれる発端には、2014年4月のセウォル号沈没事件も無関係ではないだろう。この頃の韓国には、戦うべきものが共通して存在していたのだと思う。

闘うべきものの存在が人々に共有されているからこそドチョルの正義感もテオへの怒りもぶれないし、勧善懲悪の物語になっているのかもしれない。しかし、テオの悪事が徐々にバレ始め、財閥の力を持ってしても抑えきれなくなってきたときに、「生き残るには力が必要だ」と言っているのが皮肉だ。前作の『生き残るための3つの取引』では、最終的には検事の持つ「力」が生き残った。それは世の中の不条理を描いているともいえるが、非常に後味が悪かった。だから『ベテラン』では、そんな「力」が勝つ世の中なんてろくなもんじゃないと描きたい思いが監督にはあったのではないか。

テオの言動をふりかえると、それは新自由主義を信じているものの言いぐさに近いことに気づく。貧乏人は努力が足りないし、金を稼ぐために頭も使っていないとでもいいたげだ。しかし、自分自身は努力をしたわけでもなく、単にお金持ちの家に生まれただけである。

日本では、こうした新自由主義を振りかざし、ときに優生思想までも肯定するような発言をする著名人がなぜかテレビでもてはやされたりしているし、労働者がデモを起こすような当然の権利をなぜか「迷惑なこと」のように映画に捉える人も多い。ドチョルの台詞を借りていうならば「本当に腐りきった連中だな」とでも言いたくなる。

この映画が公開された2015年の韓国映画界は、先にも書いた通り、観客動員数での黄金期にあった。『ベテラン』も、1300万人の動員を記録したのだが、この頃の韓国はノワールに限らずソン・ガンホの『弁護人』（2013年）しかり、左派的な視点で描かれた映画に観客が殺到し始めていたイメージだ。その流れは『タクシー運転手 約束は海を越えて』（2017年）や、『1987、ある闘いの真実』（2017年）へと続く。

リュ・スンワン監督の『生き残るための3つの取引』では、検事の汚職が描かれていたが、映画が公開される六か月前に実際に検事が建設会社から賄賂を受け取ったり接待を受けていたことが報じられた。リュ・スンワン監督といえば、香港映画仕込みの派手で流れるようなアクションで評価される人であるが、実はそれだけでなく、社会の空気や、世間の人が漠然と感じている怒りに気づき、作品に込めることがうまい監督なのかもしれない。

『ベテラン』では、最終的に明洞の真ん中の、街中のあちこちにはりめぐらされている監視カメラと、街を行きかっていた人々の面前でドチョルとテオは対決する。ドチョルは監視カメラと、ギャラリーの携帯カメラを見方につけ、完全にテオが自分を殴りにかかってきたあとに、「正当防衛」として反撃する。このシーンを見て、大衆の怒りとドチョルの怒りと観客の怒りが重なったように見えた。

Blu-ray 発売中＆デジタル配信中
発売・販売元：ツイン

プライドを捨てて、権力に寄り添ったところで、誰も守ってはくれないことを学べ！

『ザ・キング』（2017年）

監督・脚本：ハン・ジェリム
出演：チョ・インソン、チョン・ウソン、ペ・ソンウ、リュ・ジュンヨル

「大切なことは韓国ノワールに学んだ」と言いたくなる作品が何本かある。『ザ・キング』（2017年）も、そんな中の一本だ。

この映画はチョ・インソン演じる主人公のパク・テスが少年であった1980年代から、2010年までを描く。テスは、街のゴロツキを父を持ち、高校時代にはケンカにあけくれていた（テスの制服から軍事政権下だとわかる）。

しかし、腕っぷしだけは強かった父親が、決して腕力があるようには見えない検事に殴られているのを見て、テスは世の中の真実を知る。「あれこそが真の力だ」と。以降、テスは猛勉強してソウル大学に入学し、司法試験に合格。気っ風のいいアナウンサーのサンヒ（キム・アジュン）から「チンピラのような目がいい」と言われ、検事になってから結婚した。その後は、薄給で身を粉にして働い

テス（チョ・インソン）と検事たち

ていたが、ある事件が彼の人生を変えてしまう。未成年の女子生徒を強姦した教師がいたが、その教師の父親が元国会議員で権力者であり、また被害生徒の母親に知的障害があったこともあり、わずかな示談金で事を済ませようとしていたのだった。

この教師のしたことと、罪を罪とも思っていない態度に憤ったテスは、勾留を請求するが、そこにやってきたのが先輩検事のヤン・ドンチョル（ペ・ソンウ）だった。彼はテスに「夢を大きく持て」と出世の道を示し、その代わりに権力者の息子である教師の事件を不起訴にしろと指示する。

元の何倍もの示談金を支払わせることで、しぶしぶ受け入れたテスだが、被害生徒の母親がお礼に差し入れしてきた新聞紙でくるんだキムパとキムチのお弁当を無言で食べる姿がせつなくて何度見ても泣けてくる。このとき、テスは何を思っていたのだろうか。

その後のテスは、あるビルの最上階にあるペントハ

ウスのパーティに招かれる。『ベテラン』（2015年）に出てきた嫌な飲み会と同じで、男性は検事や政治部の記者などの肩書を持っているが、女性たちは彼らの欲望を満たすためにそこにいる名もなき美女たちだ。テスをそのパーティに連れていったドンチョルは、そこにいた政治部のペク記者のことを「女の服をすぐ脱がす(벗기다)からペク記者だ」とこれまたキツい冗談で紹介するところまで『ベテラン』の嫌なパーティと同じだ。ホモソーシャルの中にいるときは、こうした不謹慎な冗談を言い合うのが儀式なのかもしれない。そう思うと、政治家が後援会というホモソーシャルでクローズドな場で不謹慎な冗談を言って問題となるのも納得できる。

テスは、当初はパーティの空気に馴染めない表情をしていたが、そんな様子を不遜な態度と見たハン・ガンシク検事部長（チョン・ウソン）に殴られ、「プライドやら正義感やらヤボなものは捨てろ」「権力に寄り添え、プライドなど捨てろ」と言われ、また「彼の言葉がことごとく正しかった」と思い込み、そこからはハン部長とドンチョルにぴったりくっついて行動をするようになる。

ハン部長の言葉が「正しい」と思わせたのは、プライドを捨てずに権力に歯向かったものたちが、わびしい年金暮らしをしているということもあった。こうしたハン部長が言う言葉も、新自由主義的なまやかしのように思える。とにかく、ハン部長の理念としては、勝ち組になることが正しいのだろう。ハン部長のインパクトのある一見、真理と思いたくなる強い言葉に「まじめ」な青年は、たやすく揺さぶられてしまう。

テスはときおり、その純情さや初心《うぶ》なところが映画に示されている。この純情さというのは、いとも簡単に利用される。もともと、ケンカばかりしていても、目標さえ設定できればソウル大学にも司法試験にも合格する能力がある上に、思い込んだら一直線なことこそが、テスの純情さなのだ。

その後のテス、ハン部長とドンチョルはやりたい放題で、わが世の春といった感じであった。テスは自分たちのことを「これが真の検事だ」とも「新たな時代の始まりだ」とまで言っている。なんと純情で思い上がりも甚だしいのだろうか。

しかし、そんな時間は長くは続かない。政権交代の読みを間違え、また同じタイミングで高校時代からの親友で今は自分を裏から支えてくれているヤクザのドゥイル（リュ・ジュンヨル）が事件を起こし、癒着を疑われると、巻き込まれたくないハン部長から突き放され、テスは地方に飛ばされてしまう。突き放されたことにも気づかず、まだハン部長やドンチョルを信じているテスがこれまた純情すぎる……。

私が、この映画から何を学んだかと言うと、ハン部長の言った「プライドを捨てろ、権力に寄り添え」などということでは決してない。むしろその逆で、ホモソーシャルの空気にのまれて「プライドを捨て、権力に寄り添った」ところで、何を得られ、誰が守ってくれるのかということだ。

テスはその後、自分が純情すぎたこと（つまり未熟ゆえに何もわかっていなかったこと）に気づき、ハン部長やドゥイルに反撃を始めるのだが、テスが二人の罪を公にして失脚させるのに必要なのは、政治という力であった。

『生き残るための3つの取引』（2010年）で、最後に笑ったのは検事だったわけだが、政治はそれよりも上の力を持っているということだろうか。しかし、『ザ・キング』の結末は、より大きな「力」がより小さな「力」を制すのだと言いたいわけではないとも思う。

確かにテスがハン部長とドゥイルを起訴したいと思うきっかけは、自分が裏切られたことにあるけれど、元はテスにも自分の正義感や信念があったわけであり、その正義感や信念を取り戻してハン部長とドゥイルという力を制したほうが、自分だけでなく、第三者のためにもなるという気持ちも感じられるからだ。

それにしても、韓国ノワールを見ていると、ある時期には間違った方向に行きかけた人物でも、正義を取り戻すことができるという共通認識があるのだなとしみじみする。正義を取り戻すためなら、過去の悪行や、少し手荒な手段を使ったとしても許されるダイナミックさがある。

テスは、ハン部長とドゥイルを貶めるために政治権力を使おうとした。こうしたダイナミックさを日本の作品、もしくは日本の社会では受け止めきれるのだろうかとしばしば思う。

日本のドラマの話になるが、2022年に放送されていた渡辺あや脚本の『エルピス－希望、あるいは災い－』では、『ザ・キング』と同じように権力が性犯罪をもみ消そうとする展開がある。そこに立ち向かおうとするのがアナウンサーの浅川恵那（長澤まさみ）と、後輩ディレクターの岸本拓朗（眞栄田郷敦）だ。浅川恵那と過去につきあっていた政治記者の斎藤正一（鈴木亮平）も、かつてはテスのように正義感に燃える青年であったのだろうが、今では政治家のゴタゴタをもみ消すのに一役買うような人物になってしまった。きっと、斎藤もテスのように、権力に呑み込まれている時期にいたのだろうと思う。

ドラマの最終回、斎藤は何もできず、不正を明らかにもせず、呑み込んだままで物語が終わってしまったようにも見えた。

しかし、数多ある韓国ノワールを見てきた私は、ここにも希望を持ってしまう。斎藤はきっと、政治の世界で力を手に入れるまでは、権力に呑み込まれた〝ふり〟をしているだけなのではないかと。十分に権力を扱えるようにならないと、できないこともある。十分な権力を手に入れたときに、呑み込んでいた全てを、明るみにしようとしているのではないかと。

日本には、例え罪を償わせるためであっても、正義の側が権力を使うことに対して拒否感があるように思う。権力は悪が使うべきものだと思っているところがあるのかもしれない。

テスはハン部長とドゥイルの不正を明るみにするために、かなり大胆な行動を取る。いわば、力技で力を制するようなことをするのであるが、日本においては、そうしたことが非常に難しいような気がするのだ。悪の側がどんなに不正をしていても咎められないのに、正義を志す側は、ちいさなほころびすら許されない。

映画『ザ・キング』には、検事が倉庫から事件のファイルを引き出してきて、検事や政治家にとって不都合なスキャンダルをもみ消すために、別の芸能スキャンダルなどを流布するというシーンが出てくる。

こうしたやり方は、日本でも（たぶん）行われていることだろう。こうした指摘をすれば、都市伝説を信じすぎと言われたり、デマを信じていて有害であるとまで言われてしまう。しかし、権力がこうしたことを利用するはずがないと思わされていることこそが純情すぎるような気がしているのだが、それは韓国ノワールの見すぎなのだろうか。

ザ・キング
Blu-ray&DVD 発売中
発売元：VAP

正義と復讐で結びついたふたりが巨大な悪を圧する

『インサイダーズ／内部者たち』（２０１５年）

監督・脚本：ウ・ミンホ
出演：イ・ビョンホン、チョ・スンウ、ペク・ユンシク、イ・ギョンヨン、キム・ホンパ

『ベテラン』（２０１５年）に始まる、政治や財閥の不正を描いた作品群が個人的には一番面白いと改めて思う。この頃の韓国ノワールは「力」の構造について描くことが巧みになっていき、どんどん面白くなっていった。個人的にはこの頃の韓国ノワールが黄金期だとすら思える。これらの作品には、しいたげられた労働者や、社会の中の弱者からの目線が描かれており、権力をむさぼって生きている人たちに対しての怒りがある。

『インサイダーズ／内部者たち』（２０１５年）はユン・テホによる漫画が原作であるが、彼が非正規雇用の若者を描いた作品は、『ミセン－未生－』として２０１４年にドラマ化もされている。労働者の目線から描かれた漫画原作のドラマとしてはチェ・ギュソクの『錐』という作品もあった。

チェ・ギュソクは『新感染 ファイナル・エクスプレス』(2016年)のヨン・サンホ監督と組んで描いた漫画が、ヨン監督によってNetflixで『地獄が呼んでいる』としてドラマ化されている。こうした左派的な目線を持った漫画家の原作とノワールが結びついたのがこの頃のポリティカル・ノワールの特徴のひとつだ。

本書の一章は二本から三本の映画で構成されていて、その章の中の作品は、基本的に年代を追って紹介している。しかしこの章では、2015年の『ベテラン』、2017年の『ザ・キング』、そして2015年の『インサイダーズ／内部者たち』という変則的な順番で紹介したい。なぜなら、『ベテラン』と『ザ・キング』を見て(読んで)からのほうが、『インサイダーズ』をより理解できると思ったからだ。『ベテラン』のところでも書いたが、日本のことを考えると、今の閉塞した現状を変える突破口に欠けているのではないかと私は常々感じている。その突破口の欠如が、映画やドラマのテーマと相互に影響しているのではないかとも思えてならないのだ。

『ザ・キング』のところでも書いたが、日本のドラマ『エルピス―希望、あるいは災い―』(2022年)の最終回で、元テレビ局の政治部記者の斎藤(鈴木亮平)が、なにか歯切れの悪い終わり方をしたのが気になっていた。ほかの視聴者も、そうした歯切れの悪さに言及しているものも見受けられた。

日本の作品では、真実を摑んでも、そのことを明るみにすることで世の中を混乱させることのほうが「良くないこと」とされているのではないかと思う。これはドラマの中だけではなく、私たちの社会自体がそうなっていると思える。私だって、なにかしらの真実を突き止めたとして、それを明るみにするときに、自分の生活や生命までもが危うくなっても、貫き通せるかというとわからないが、そこにもうひとつ「人に迷惑をかけて社会的に抹殺される」という恐怖があるような気がする。

韓国の映画ばかりを見ていると、その「真実を明かすことで社会に混乱をもたらし、迷惑をかける」ということは考えなくていいのが健全であるし、見ていて「しんどさ」がない理由だろう。それは、別に映画の中だけでなく、社会の空気としても存在しているのではないかと思う。もちろん、韓国にも日本とは違った韓国特有の空気も存在しているとは思うが、「真実を明かすことは、真実を明かされて罪に問われる人だけが困るのではなく、それによって混乱をもたらされる世の中の多くの人に迷惑がかかるからやめてくれ」なんていう回路はないのではないか。

それはたぶん、不正の真実を暴けば、その中枢にいた人たちは罰せられ、派閥や人事が一掃され、政権も交代する世の中であることも関係しているのだろう。日本の場合は、不正の真実を暴いたとしても、その中枢にいる人たちは罰せられず、とかげの尻尾切りですまされるし、派閥や人事も一掃されるのではなく、その中身が微妙に変わるくらいで、政権が変わることも（最近は）ない。何があっても世の中はほとんど変わらないという状況を、近年の我々は見ていないと言えるだろうか？

しかし私は、『エルピス』の政治部記者の斎藤はまだ何かを「計画」中で、道半ばにいるだけではないかという夢や希望を持って見てしまう。いずれ彼は日本の政治の中枢に立ち、「内部」から何かを変えようと画策しているのではないかと、そう信じたいのだ。もしかしたら、当の作品にそんな意図がなかったとしても。

本題の『インサイダーズ／内部者たち』の話を始めよう。

主人公はイ・ビョンホン演じる芸能事務所社長（と言っても実は企業に女性を斡旋したり、面倒なことを解決するゴロツキと言った方がいいであろう）のアン・サングと、チョ・スンウ演じる元警察官の検事という二人だ。

『インサイダーズ』は、次期大統領候補のチャン・ピル（イ・ギョンヨン）がミレ自動車の会長の裏金300億の政治資金を受け取ったことからスタートする。

『ベテラン』でも事件の発端には、企業側の労働者への未払いがあり、それを不服とした労働者がデモをしたことから悲劇が起こったが、『インサイダーズ』でも、非正規雇用者たちを不当に扱っている事実が前半で示される。ミレ自動車の非正規雇用者の労働組合からの批判を載せた新聞記事を見る場面で、当のミレ自動車の会長は、「左翼のクソどもが」とつぶやく。それを受けて、新聞記者のイ・ガンヒ（ペク・ユンシク）は「大衆などブタに過ぎません」「適当に吠えればそのうち静かになります」と越後屋のように返すと、会長は悪代官のようにほくそ笑むのだった。

二人は、メディアと企業の代表という関係性であり、彼らが「パートナーシップ」を組むということは聞こえはいいが、癒着をするということである。新聞に広告を出しているから、300億の裏金の献金があっても、労働者を苦しめている事実があっても、うちのことは悪くは書かないでねという密約が交わされているということだ。

その後、ミレ自動車のオ会長とイ記者にチャン・ピル議員も加わって、料亭で裸の女性たちとの「遊び」に興じる。『ベテラン』や『ザ・キング』の嫌なパーティと同じで、ホモソーシャルな空間では、不謹慎な冗談が飛び交う。男性器を指して「チャン議員のクラブは実に御見事!」「大統領級でしょう?」という会話があったり、男性器をゴルフのパターにみたてて爆弾酒のグラスを倒し、「アルバトロスだ!」と言ってガハハと笑い合う。

一方、芸能事務所社長とは表の顔で、いつもは企業の尻ぬぐいをしてきたゴロツキのアン・サングは、ミレ自動車の裏金の事実を摑んで、かねてから兄貴と慕うイ記者にたれ込んだが、そのことでミレ自動車の部長に脅され、右の手首を切断されて、今ではトイレ清掃の仕事をしていた。とはいえ、アン・サングはイ・ビョンホンが演じているくらいだから、そんな今の立場に甘んじているわけではない。自分を貶めたチャン・ピルたちへの復讐を目論んでいるのだ。彼は文房サッシ社の社長のパク・ジョンパル(ペ・ソンウがここでも頑張っている!)を使ってチャン議員に近づこうとしていたがそれもイ記者にバレてしまう……。サングが兄貴と慕ってきたイ記者は、ミレ自動車の社長やチャン議員とすでにお仲間であるから、「奴らは怪物だ。噛みつかれ、食いちぎられると、更に奴らは巨大化するぞ。そんな怪物を相手にして闘うのか?」とサングを脅す。それを受けて「そんなこと知ったこっちゃない。俺は死ぬまで闘ってやる。兄貴はひっこんでろ」と返すサングがかっこいい。かっこいいが、無謀なゴロツキでないと言えない台詞だとも思う。しかし無謀さはときに突破口になる。

チャン議員を検挙しようとしているのが、検事のウ・ジャンフン（チョ・スンウ）だ。彼は元は刑事であったが、警察学校出身ではないために出世の道がないと悟り、検事になったのだが、検事の世界ではコネがないことがネックになっていた。警察学校出身でなければ出世ができないことは『生き残るための3つの取引』（2010年）で描かれていたし、検事にコネが必要なことも『ザ・キング』に描かれていたことである。

しかし、『ザ・キング』のテス検事と違って、『インサイダーズ』のジャンフン検事は甘い誘惑に負けたりはしない。知り合いの記者との食事の場に建設会社の社長がいても、すぐに退席するくらいの用心深さの持ち主で、ときに「地縁や学縁ってやつは実に危険だ」ともらす。コネは大事だが、そのコネにも怪しいものが転がっているということだろう。ただ、そんな彼にとってもチャン議員を検挙することは一筋縄ではなかった。チャンも元検事だからだ。

私は『ベテラン』のページで、因果応報の多かった韓国映画が、勧善懲悪になったと書いた。因果応報は「復讐」とつながりやすく、勧善懲悪には「正義」が不可欠だ。

この映画が面白いのは、アン・サングのモチベーションは、自分を陥れたチャン議員たちに「復讐」したいということであり、一方のジャンフン検事のモチベーションは、チャン議員を検挙したいという「正義」感である（もちろん出世をしたいというモチベーションも少しはあるにしても）。つまり、この映画の二人は、「復讐」と「正義」という相反する信念を持ちつつもお互いに同じ目的を共有していることで通じ合う。ほかの映画にはなかったタイプのバディなのである。

またこの映画には、ほかの作品にはない「力」の構造が示されている。これまでは、政治家や検事による権力、企業家の財力、そしてヤクザ（ゴロツキ）の暴力というものが主に描かれていたのだが、この作品では、新聞というメディアによるペン、つまり「言葉の力」の怖さが描かれているのである。

イ記者は、言葉を誰が言えば人々が耳を傾け信頼してくれるのか、そこに格差があることを知っている。検事や政治家、企業家が使う言葉は、最初から人に信頼されやすいが、アン・サングのようなゴロツキの言葉は、最初から半信半疑でしか聞いてもらえないという事実を彼は指摘する。自分次第で、言葉を悪のためにも使うことができるのが新聞記者という職業である。映画を見ていて、財力や権力、腕力がないことだけが「弱者」の特徴ではなく、言葉を信頼されず、取るに足りないことだとして声がかき消されるということも「弱者」の特徴であると気づかされた。言葉を生業にしているものとして、はっとしてしまった。

言葉の力を操ってこの地位まで登りつめたイ記者は、人を言葉で操るのもお手の物だ。アン・サングが自分を追い込んできたときには、「恨みを持てば、それが刃になって帰ってくる」と彼に告げるが、それは相手を体よく説得するための狡猾なまやかしであった。

（ここからネタバレがあります）

ジャンフンは、次の一手を打つ。アン・サングが300億の政治献金の事実を記者会見で発表したことで、チャン議員やオ会長も一時は窮地に陥るのだが、イ記者は何枚も上手であった。なぜなら、言葉を使うことを生業とするイ記者は、アン・サングのようなゴロツキの言葉は人々に信頼されにくく、自分のような権威のある立場の人間の言葉は、人に信じられやすいことを知っているからだ。イ記者も後追いで自分たちの潔白を証明する会見を行い、形勢は逆転。チャン・ピル候補も大統領選での勢いを取り返していた。一方のアン・サングは殺人教唆と性犯罪の疑いで捕まるが脱走。脱走している間に、イ記者のある供述を録音した後に自首するのだった。

ジャンフンは、アン・サングがとってきた供述をイ記者につきつけ、自分を「最高検の中央捜査部に入れてください」と取引をする。ジャンフンは、この日から人が変わったようにイ記者やチャン・ピルとつるむようになり、見合いまで手配してもらう（検事が権力者の娘との見合いが引きも切らないのは『ザ・キング』を履修していれば知っている事実だ！）。チャン・ピルも悪い気はしていない。

なぜなら、チャン・ピルも元検事であるし、切れ物の若者が自分を慕ってくれることはちょっと誇らしいことだろう。切れ者は味方につけておきたいものだ。

だがそのとき……チャン・ピル、オ会長、イ記者が女性に性接待をさせながら裏金についての会話をしている動画が多数の市民のスマホにばらまかれる。

チャン・ピルやオ会長やイ記者が罪を問われる段階には、ジャンフンはすでに検事として十分な力を持っていた。『ザ・キング』のテス検事が得られなかった地位と力、信頼を、イ記者と取引をしたことによってジャンフンはいとも簡単に手にしていたのだった。

『インサイダーズ／内部者』というタイトルについて、私は公開当時に見ていたときは、ぼんやりと眺めていただけだった。しかし、今になって見返すと、その言葉が刺さる。ジャンフンがチャン・ピルに近づいたのは、内部者、つまり潜入者になっていたということなのだ。それはアン・サングのひらめきで指示していたことだった。

アン・サングとジャンフンは、復讐心と正義感という相反した信念で結びついていると書いたが、ゴロツキの無謀なひらめきと、検事が持つ信頼という相反する力でも結びついた完璧なバディでもあったのだ。

ここで文章を気持ちよく終わらせたいところなのだが、再び『エルピス』の斎藤のことを思い出してしまった。斎藤は、政治家を志しているような描写がある。斎藤も、ジャンフンのように「内部者」になるべきなのではないか。つまり、外側から何かを変えようとするのではなく、与党の「内部者」となり、そこで改革をすることこそが突破口になるのではないか。斎藤自身も、自分にはその力があると信じていて、時が来るまで力をつけその計画を悟られないように潜んでいるのではないか。

斎藤は、浅川恵那を説得するときに、「約束する。時間をくれ。俺にしかるべき力がついたときには、今日君が言ったことに必ず答えて見せる」「今日の君のとも俺のとも違う。より建設的で、より有効な方法を必ず見出してみせる」「ひとつひとつやっていくしかないんだ」と言っている。

斎藤が「しかるべき力」を持つことを望み、そして「有効な方法を見出す」ことを目指しているという姿には、ジャンフンが重なるのだ。

インサイダーズ／内部者たち

第六章　バイプレイヤーから主人公へ

これからという時期の俳優同士のぶつかりあいの記録

『最後まで行く』（2014年）

監督・脚本：キム・ソンフン
出演：イ・ソンギュン、チョ・ジヌン、シン・ジョングン、チョン・マンシク

若い頃はバイプレイヤーとして活躍していた俳優が、30代後半、もしくは40代になってから、ノワール作品で主演を張るようになることが増えてきた。そしてそのことが韓国ノワールの発展に寄与している面は大きいのではないかと思っている。

『最後まで行く』（2014年）は、中国では香港の俳優アーロン・クォックが主演で『ピースブレーカー』（2017年）というタイトルで、またフランスでは『レストレス』（2022年）というタイトルでリメイクされている。日本でもタイトルはそのままに、岡田准一主演、綾野剛とタッグを組んで2023年に公開されたばかりだ。

この作品も、『怪しい彼女』（2014年）や『サニー 永遠の仲間たち』（2011年）のように、

多数の国でリメイクされる作品となったわけだが、確かにどこの国であっても違和感なく展開できる物語である。日本版では、原作にないキャラクターや設定もあり、その自由度もリメイクされやすい所以なのかもしれない。

物語は、雨の夜、母親の葬式に向かう途中、刑事のコ・ゴンス（イ・ソンギュン）が人を轢いてしまうところから始まる。母親の葬儀に行きたいと焦る気持ちもあり、また近くをパトカーが走っていたこともあり、ゴンスは思わず死体を自分の車のトランクに乗せてしまう……。数日後、ゴンスの元に、彼が人を轢いたことを知る人物からの電話がかかってくる。その電話の声の主は、同じく刑事のパク・チャンミン（チョ・ジヌン）だった。

オリジナリティのある設定で、警察内部の汚職を絡ませ、息つく間もない展開が続き、面白いところは挙げたらきりがないのだが、私が最もこの作品に惹かれるのは、刑事と刑事のぶつかり合いだ。

お互いに正義がないものが生き残りをかけて戦うという話は『生き残るための3つの取引』（2010年）にも代表される、韓国ノワールのひとつの型だとも思うが、この作品は、そんな二人の意地と意地とのぶつかり合いを、イ・ソンギュンとチョ・ジヌンという二人が演じているのがいいのだ。それは、単に私がこの二人の俳優が好きなだけではないかと言われれば、そうではあるのだが、それだけではない。

この二人は、2014年の公開時には、映画で主演をすることはあっても、それはホン・サンス監督の個人的な世界を描いたほうの作品であったり（それはそれでいい作品なのだが）、サスペンスやノワールのようなジャンルものに出たとしても、あまり日の当たらない方の作品であった。

私個人としては、イ・ソンギュンを認識したのが、コン・ユとユン・ウネが主演の大ヒットラブ・コメディドラマ『コーヒープリンス1号店』(2007年)に出演していたときのことだ。イ・ソンギュンが演じたのは、コン・ユ演じるカフェのオーナーの従兄で音楽家という役で、主要な四人のうちのひとりとして出演していた。そこでのイ・ソンギュンはひとりだけ大人で落ち着いた役どころで、そこにあの「ええ声」があわさってブレイクしていたのだった。同じ2007年には、山崎豊子原作のドラマ『白い巨塔』の韓国リメイクにも出演していた。

2018年のドラマ『マイ・ディア・ミスター～私のおじさん～』や、2019年の映画『パラサイト 半地下の家族』でイ・ソンギュンを知った人も多いことと思う。『マイ・ディア～』は、tvNという良質のドラマを制作するケーブル局で作られた社会派な一面もあるドラマであったし、『パラサイト』は言うまでもなく、カンヌ映画祭とアカデミー賞で認められた韓国を代表する映画である。イ・ソンギュンは、韓国の中で、最も着実に良いキャリアを重ねている俳優であると言っていいだろう。

これは、純粋に韓国の外側から映画やドラマを見てきた単なる一観客、視聴者として思っていることなのだが、韓国で興行的に成功し、かつ内容の面白い映画に出るメンバーは、かなりその顔ぶれが決まっていて、そのメンバーとして認められることは難しいように感じる。韓国映画を見ていて、いつも同じような人ばかり出ているなと思うのは、見えないメンバーシップ(格とでもいえるかもしれない)のようなものがあるからだと思う。

そこのメンバーに入るのは、けっこう難しいことなのではないかと思う。例えば、イ・ソンギュンがブレイクした2007年頃、イ・ソンギュンのように、大人の雰囲気を持ち、ドラマで活躍する実力派俳優というのは、他にもたくさんいたわけだ。2007年頃だけで考えても、『白い巨塔』の主演のキム・ミョンミンしかり、『外科医ポン・ダルヒ』主演のイ・ボムスしかり（イ・ボムスは今度の『犯罪都市』に出演するというニュースはあったので、このメンバーになる可能性も高いかもしれない）、また『エア・シティ』のイ・ジョンジェしかり、『銭の戦争』のパク・シニャンしかり、『アクシデント・カップル』（2009年）のファン・ジョンミンしかり、私には当時は、同列のように思えていたのだ。

しかし、本書を読んでいる人に馴染があるのは、イ・ソンギュンとイ・ジョンジェとファン・ジョンミンくらいではないだろうか。もちろん、日本にも映画で活躍する人、ドラマで活躍する人というくくりはあるにはあるだろうが、韓国映画界には、もっとはっきりした棲み分けが存在しているように思うのだ。

そんな中で、チョ・ジヌンに関して言えば、2007年時点にはドラマ出演はしていても、メインのビジュアルにも出てこない。クォン・サンウ主演の『マルチュク青春通り』(2004年)、同じくクォン・サンウとユ・ジテ主演の『美しき野獣』(2006年)、チョ・インソン主演の『卑劣な街』(2006年）など、ノワール作品にもたくさん出ているが、その出番は少ない。映画よりも『ソル薬局の息子たち』(2009年）や『愛を信じます』(2011年）といった、全50話も60話とかもあるホームドラマに出演していたのだ。

私はたまたま『愛を信じます』というホームドラマのあらすじを書く仕事をしていたので、今よりも太っていて、三枚目的なわき役のチョ・ジヌンのことがなぜか気にかかっていたのだが、誰がこの頃にチョ・ジヌンが500万人を超える韓国ノワールのヒット作に主演をしたり、米アカデミーの会員に選ばれるなどと予想していただろうか。

二人の経歴についての話が長くなってしまったが、こうした二人のキャリアの中でも、『最後まで行く』は、そのときの彼らの最大限の魅力を監督に引き出してもらい、彼らにとっても転機となる作品であったのではないだろうか。それ以上に、二人が〝真ん中を張る〟という意味で、興行的にも勝負の作品であったのかもしれない。

映画の中でも生き残りを賭けてぶつかり合う刑事二人のパワーを感じる作品になっているが、実際「これから行くぞ！」という時期の俳優二人のパワーを思う存分ぶつけ合う作品になっていたのではないだろうか。そのときにしか見られない熱の詰まった作品だという意味で私は『最後まで行く』が好きなのだ。

この映画は、公開後、韓国で5週連続№1で345万人の動員を記録した。発想が面白く、脚本も緻密で、俳優の魅力がいかんなく発揮される作品であれば、その頃はまだバイプレイヤーとして活躍することが多い俳優が主演の作品でも、300万人を超えるヒット作になり得たのだ。このことは、韓国ノワールの可能性をまたひとつ広げたといっていいのではないだろうか。

2023年、日本でリメイクされた『最後まで行く』を見た。2014年時点の韓国映画としては、何の疑問もなく見られる部分でも、現代の日本映画としては説明が必要だと思われるところには丁寧に加筆を加えた脚本となっていて、最後まで新鮮に見ることができた。刑事が事故を起こし、そのことがいつ見破られるかと追い詰められる様子の心理描写もうまく、岡田准一と綾野剛という俳優と俳優のぶつかり合いも楽しめた。新たに追加されたキャラクターも魅力的だ。正直、韓国版を気に入っている自分としては、かなり厳しい目線で見ていたと思うが、それでも満足ができた。岡田准一と綾野剛というキャスティングも、日本映画の興行という面を考えても、これ以上ないキャスティングだとは思う。しかし、二人はすでに何本もの映画で主演を張ってきた日本を代表する俳優である。

そう考えると、「この映画に全てをぶつけて、これから俺たちは映画界で『最後まで行ってやるんだ！』」とでも言いたげなエネルギーが出まくっていたときのイ・ソンギュンとチョ・ジヌンのあの熱力のぶつかり合いみたいなものとはまた違い、すでに輝いているもの同志がぶつかり合う映画なのだなと思えたのだった。

あのユ・ヘジンが凄腕の殺し屋の主人公に
『ＬＵＣＫ‐ＫＥＹ／ラッキー』（２０１６年）

監督：イ・ゲビョク　原案：内田けんじ　脚本：チャン・ヨンミ
出演：ユ・ヘジン、イ・ジュン、チョ・ユニ、イム・ジヨン

『ＬＵＣＫ‐ＫＥＹ／ラッキー』（２０１６年）は、内田けんじ監督の映画『鍵泥棒のメソッド』（２０１２年）のリメイク作品である。ちなみに、２０２１年には同作品は、中国でもアンディ・ラウと『唐人街探偵 NEWYORK MISSION』（２０１８年）や『シスター 夏のわかれ道』（２０２１年）のシャオ・ヤンの主演で『人潮洶涌 End Game』としてリメイクされている。

お金もなく売れない役者のジェソンと、凄腕の殺し屋のヒョンウク。ふたりは偶然同じ銭湯に行くが、殺し屋が風呂場で転倒したため、ジェソンは出来心で自分のロッカーの鍵とヒョンウクの鍵をすり替える。後日、ジェソンは良心がとがめて鍵を返しにいくも殺し屋は記憶を無くしていて自分のことをジェソンだと思い込んでいた。ジェソンは殺し屋の家に忍び込むのだが、そこには警察官の制服や、偽造の身分証明書や、大量の携帯電話などがあった……。

伝説の殺し屋ヒョンウク（ユ・ヘジン）

この凄腕の殺し屋をユ・ヘジンが演じ、売れない役者を『俳優は俳優だ』（2013年）で主演したイ・ジュンが演じている。ちなみにイ・ジュンはRAIN（ピ）がプロデュースしたボーイズグループMBLAQのメンバーで、私もアイドル時代に何度か取材したことがある。時期的に、〝演技ドル〟と呼ばれていた中のひとりであり、今も俳優として活躍している。

日本版の『鍵泥棒のメソッド』は、内田けんじ監督らしく、ひょうひょうとした雰囲気の中でも、次々と予想のつかない出来事がどんどんと転がっていき、最終的にはそれらはうまーくおさまっていって、見終わったあとにほのぼのとできるような映画で、キネマ旬報ベスト・テンで日本映画脚本賞、日本アカデミー賞でも再優秀脚本賞を受賞している。

また、日本版は、広末涼子演じる水嶋香苗が、突然、職場で相手もいないのに結婚宣言をするという、不思議なシーンから始まっていて、そんなところも内田監督の作り出す映画特有のゆるい空気感があって日本映画らしい。

しかし、韓国で同じ物語をリメイクしたら、オープニングのシーンは、雨のふるアスファルトの地面に赤いネオンが反射し、ユ・ヘジン演じる殺し屋が仕事をさっそうと終えて車に乗る姿から映画が始まるスタイリッシュなノワールのようになっているのが面白い。

殺し屋が記憶喪失になったことにより、自分はジェソンだと思って、ジェソンの人生を懸命に生きようとするところは日本版とも共通している。殺し屋は、もともときっちりした性格で、ジェソンの汚い部屋はみるみるうちに整理整頓されて快適な空間になり、記憶をなくした自分が何をすべきかは、綺麗な字でノートにリスト化されていく。また、彼が入院しているところで知り合ったカン・リナ（チョ・ユニ）との淡い恋も描かれる。ちなみに広末涼子が演じていた女性の設定はまるっと消えて、このリナに変わっているのだと思われる。

ジェソンが俳優であったと知った殺し屋は、やがて映像作品の撮影に参加することとなる。最初は失敗ばかりしていた殺し屋だが、やがて次々とコツをつかみ、どんどん俳優としての地位を確立していく。そのときにも、彼はメソッド演技を学んでいくわけだが、日本版のタイトルにある『鍵泥棒のメソッド』の「メソッド」とはメソッド演技のことなのか！と気づくのである。ちなみに、殺し屋が実際に俳優の現場に入るくだりは、日本版にはないところである。

対して、ジェソンは、殺し屋の住んでいた豪奢なマンションの上の階に住むウンジュ（イム・ジヨン）が命を狙われていることを知って、懸命に彼女を助けようとする。やがて殺し屋は記憶を取り戻しジェソンと再会。

殺し屋はジェソンの人生を歩んでみて、夢をみることを思い出したとジェソンに感謝し、命を狙われているジェソンとウンジュの二人を助け出そうと計画を練る。

しかし、そこで必要なことは一つ、自分たちの命を狙っている依頼人を演技で騙すことだった……。


このときに、売れない役者のジェソンが俳優として成長することが、ハッピーエンドへの手がかりになるわけだが、この映画が韓国で「演技」の部分が日本版よりも厚くなっているのは、当然のことのように感じた。

なぜなら初期のノワールには、「演技」や「俳優」や「芸能界」を扱ったものがやたらと多かったのだ。本書でも取り上げた『映画は映画だ』（2008年）しかり、イ・ジュンが主演した『俳優は俳優だ』（2013年）もそうである。チョ・インソンが主演、ユ・ハ監督がメガホンをとった『卑劣な街』（2006年）も、本物のヤクザの同級生に、脚本家が近づき、〝本物〟とはどういうものなのかを盗み取ろうとすることから生まれる悲劇であった。そういう意味では、『LUCK-KEY』も当時らしい作品なのかもしれない。

本作は、ユ・ヘジンの初主演ノワールでもある。ユ・ヘジンと言えば、『ベテラン』（２０１５年）では、ユ・アイン演じる財閥の御曹司・テオの従兄弟役を演じ、いつもこきつかわれている。テオの父親（つまりユ・ヘジンの叔父）には、テオの身代わりとなってゴルフクラブで殴られたり、将来的に会社をひとつ任せてやるという甘い言葉を餌に、テオの身代わりで出頭したりするような役であった。それでもテオに「ヒョン」と呼ばれるとちょっとうれしそうにするなど、とことんまで可哀そうな役を演じていた人である。

また『生き残るための３つの取引』（２０１０年）では、その「３つ」の主人公の中のひとりとして、狡猾なヤクザを演じたりもしてきた。そこには必ず、ユーモアと悲哀があった。

『ＬＵＣＫ－ＫＥＹ』では、そんなユ・ヘジンがコミカルさを押し殺して、恰好をつけている姿が、よりコミカルに映る。しかし、そこはかとない人の良さが見え隠れしていて、これまでユ・ヘジンを応援してきた人たちが、「ユ・ヘジンさんよかったね」と祝福したくなるような主演作品であった。

韓国では公開後、６９７万人という動員数を記録したそうである。正直、コロナ禍の影響もあり、良き映画に人が入らなかったり、予算が見えず、有望な監督が皆、Netflixなどで映画やドラマを撮り始めている昨今の状況からすると、当時の韓国映画が豊かで平和だったのだなと思ってしまう。

実際のところは、２０１６年の韓国は、パク・クネ政権の真っただ中。ソン・ガンホが映画『弁護人』（２０１３年）をきっかけに、ブラック・リストに入れられていたような時代であったから、こうした政治性のないゆるい空気感のコメディ作品が作られていたのかもしれない。

ちなみに、本作のイ・ゲビョク監督の最新作である『甘酸っぱい』（２０２１年）は、日本の『イニシエーション・ラヴ』のリメイクで、Netflixオリジナル作品である。

DVD価格　4,180円（税込）
発売元：クロックワークス
販売元：TCエンタテインメント

母と娘、闇組織のボスと部下、ふたつの意味での継承の物語

『コインロッカーの女』（2015年）

監督・脚本：ハン・ジュニ
出演：キム・ヘス、キム・ゴウン、パク・ボゴム、コ・ギョンピョ

韓国でも、映画界に多様性がないのではないかという議論はなされているそうである。韓国映画は確かに本書で取り上げているものを見渡してもわかるように男性が主人公のものが多く、女性が主人公の作品を作ろうとしても、男性主人公のほうがいいのでは？と提案されることもあるのだという。『コインロッカーの女』（2015年）の監督のハン・ジュニも「男性主人公に変えれば、より多額の投資を受けられると言う方もいた」と語っているくらいである。※

だが、この映画は、当初の予定通りキム・ヘスとキム・ゴウンのコンビが主演で制作され、第68回カンヌ国際映画祭国際批評家週間にも出品されることとなった。

映画の冒頭、コインロッカーに捨てられていた少女が路上生活者に見つけられる。イリョンと名付

※ https://news.kstyle.com/article.ksn?articleNo=2020461

「母さん」（キム・ヘス）を中心とした疑似家族としての犯罪組織

けられたその子はやがてチャイナタウンで闇金業と中国人相手にブローカーの仕事を営む〝母さん〟と呼ばれるマ・ウヒ（キム・ヘス）の元に売られることとなった。成長したイリョン（キム・ゴウン）は、闇金の取り立て業務をして、組織の役にたっていたが、ある日取り立てに行った先でソッキョン（パク・ボゴム）と出会い、次第に彼に惹かれていくのだった……。

疑似家族が犯罪をすることで成り立っているという物語は、是枝裕和監督の『万引き家族』（2018年）や『ベイビー・ブローカー』（2022年）などでも見られたが、こちらは2015年の作品である。作品を改めて見てみると、犯罪組織にとって、人は必要であるから身寄りのないものを集めて疑似家族のような共同体ができるのか、それとも身寄りのないものを包摂して疑似家族的な共同体を形成するのに、犯罪組織のような法の外にある場所しかなかったということなのか、どちらなのかと考えてしまう。

イリョンが惹かれるソッキョンはとにかく優しくて人を疑うということを知らない。人を疑うしかない環境で生きてきたイリョンとは正反対だ。彼自身も、借金の取り立てに追われて苦境にあるというのに、借金を彼に押し付けてどこかに逃げた父親のことを悪く言うことすらなくて、ポジティブすぎて心配になるくらいだ。

しかしイリョンとソッキョンの二人のシーンだけは、まるで韓国のラブコメドラマのような雰囲気が流れている。実際、パク・ボゴムはこの映画の前年には『のだめカンタービレ〜ネイル カンタービレ』（2014年）でブレイクしている人気俳優だ。

初期のノワールの中に、メロドラマ要素は必要でしょ？とばかりに恋愛が描かれている作品はあるが、個人的には、この作品では自然なことのように思える。人を信じたり温かさを感じたりすることが少なかったイリョンが自分の頬の傷にソッキョンの指で薬を塗られたときに驚いて殺気立つ反応からは、イリョンの殺伐とした半生を感じさせる。これまでの人生で誰かに〝触れられる〟ということは、暴力を意味していたのだろう。

ドラマであれば胸キュンなシーンになるところを、イリョンの場合は、背後に人に立たれたゴルゴ13のような反応をしてしまったわけだが、それなりに彼女の心にはほのかな恋心を芽生えさせたようだ。その代わりに、本来するべきの仕事である取り立てには失敗してしまった。

恋をしてすっかり変わってしまったイリョンに手を焼くのは〝母さん〟である。〝母さん〟はイリョンを心配して電話をしたり、帰りが遅くなれば、どこに行っていたのかを追及したり、電話をしても彼女が気づかないことにやきもきしたりもする。その姿は、まるで現代のどこにでもいる母親と娘の関係性のように見える。もちろん、見ているものが犯罪組織のボスとしての心配と、親心としての心配という、二重の意味で捉えられるように演出しているのだろう。

しかし、闇社会の〝母さん〟が心配しているのは、まだ幼い娘が、悪い男にたぶらかされていることよりも、他のところに理由がある。イリョンが、組織の外の人間に心を揺さぶられること、つまり優しさや温かさを感じてしまうことは「死」を意味する。なぜなら、組織の仕事である「金の取り立て」ができなくなってしまうからだ。〝母さん〟として心配する気持ちもあるにはあるのだろうが、そんな気持ちのままでは、組織にいることはできないし、組織自体の存亡も危うくなってしまうことを憂慮しているのである。

こうしたノワールの世界では、しばしば「継承」がテーマになるものがある。継承は実際に跡を継ぐというものもあれば、精神的な意味や、やりかたを学ぶという意味で関係を継ぐというものもある。日本の作品にはなるが、『孤狼の血』（2018年）なども、継承がテーマの物語であった。

『孤狼の血』は、捜査のためには手荒なことも厭わないマル暴刑事の大上章吾（役所広司）と、真面目な新米刑事の日岡秀一（松坂桃李）という二人の話だ。ネタバレを簡単にできる物語ではないが、やがて第一線からは退くベテラン刑事と、ぎこちない新米刑事との継承を象徴していたのは、大上の使っていた狼のデザインのＺＩＰＰＯであった。
『コインロッカーの女』も「継承」の物語である。そう考えると、〝母さん〟がイリョンを心配するのは、次期後継者として、人に情けの心をかけて惑わされていては、この商売を続けられない、つまり生きていけないからである。

（ここからはネタバレになります）

〝母さん〟がイリョンを連れ立って、亡き母＝先代を弔う姿を見せたのも、いずれはイリョンがそれを継ぐべき人であるからだ。イリョンは、母を大切に弔う〝母さん〟の姿を見て「（お母さんは）いい人みたいね」と言うが、〝母さん〟は、乾いた笑いを見せ「私が殺した」と言ってみせる。残酷さをわざと知らしめるのも、この組織においての「継承」が何を意味するかをイリョンに示したかったからだろう。ノワールにおいての「継承」は、死をもって行われることは多い。
しかし、この組織の掟に背いたイリョンは、〝母さん〟から制裁を受けることになる。制裁とはもちろん「死」を意味するが、イリョンはその制裁を交わし、生きて〝母さん〟の元に戻る。〝母さん〟は、もしかしたら、イリョンが生きて自分のところに戻ってくることを予感していたのかもしれないし、もしも帰ってきたときには、自分も母のように「死」を受け入れ、イリョンにこの組織を継承する覚悟をしていたのだろう。

『孤狼の血』で継承の象徴となったのは大上のZIPPOであったが、『コインロッカーの女』で継承の象徴となったのは、彼女が赤ん坊のときに捨てられたコインロッカーに遺されていた茶封筒の中の書類であった。書類の中には、身分証明書が入っていた。イリョンはこの書類があることで、〝母さん〟と同じように中国人相手のブローカー仕事をすることができるようになるのだった。

茶封筒のくだりは、少々『新しき世界』の影が見えると思ってしまうところはあるにせよ、その書類がなぜ必要なのか、またその書類のために写真を撮るシーンなどもあり、いくつも伏線が張り巡らされている。

しかし、パク・ボゴム演じるソッキョンのことを考えると、父親の借金をきっかけとして、取り立て屋のイリョンと出会ってしまったばかりにあっけなく物語から退場してしまう。彼の退場をきっかけに、イリョンが組織で生きていく上で、温かい心や関係性を捨てて生き抜く決心をするのだ。それが彼女の成長につながるものとみても間違いではないと思うのだが、これは、よくある「冷蔵庫の女」とどう違うのだろうかとも思えてしまった。

「冷蔵庫の女」とは、映画などで主人公に関係する女性が冷蔵庫に入れられて、物語から死をもって退場することが、主人公の成長の道具になっているような表現のことを意味する。

もちろん、ほかのノワール作品で、女性が何度も何度も「冷蔵庫の女」として出てきたことがあるし、そんなシーンが多すぎて観客として自分も当たり前のように受け止めてきた歴史もある。また、「冷蔵庫の女」の描写が多かっただけに、昨今は少なくなっている事実もある。そんな中で、それをこの作品で男女反転しただけということもあるのかもしれない。もしも反転を意図して描いているのであれば（その真相はわからないのだが）、その部分においては、よくできた台本なのかもしれない。

ただ、2023年になって、通過儀礼やイニシエーションとしての「父親殺し」ならぬ「母親殺し」（これも反転しているのだ）の物語を見ると、たとえそれが行われるのが裏組織であったとしても、組織を継承するために、なんで母親が死ぬ必要があるんだろう？　と思えるし、その理由が少し弱い気がしないでもない。むしろ二人が生きた上で継承が行われれば、組織にとってもよりよい未来が訪れるかもしれないのにと思ってしまう。もしかしたら、男性の継承の物語であったら、よくある〝滅びの美学〟のパターンとして疑問を感じなかったのだろうか。それはそれで〝男らしさ〟につきまとう〝呪い〟かもしれない。

DVD価格：4,180円
発売・販売：アルバトロス株式会社

〝力〟と〝感情〟を爆発させるパク・フンジョン作品の女性たち

『楽園の夜』（２０２０年）

監督・脚本：パク・フンジョン
出演：オム・テグ、チョン・ヨビン、チャ・スンウォン、イ・ギヨン、パク・ホサン

『The Witch 魔女』（２０１８年）

監督・脚本：パク・フンジョン
出演：キム・ダミ、チョ・ミンス、パク・ヒスン、チェ・ウシク

『新しき世界』（２０１３年）のパク・フンジョンは、その後もコンスタントに映画を撮り続けている。近年の話で言うと、２０１８年に発表した『The Witch 魔女』もあるし、その続編の『The Witch 魔女—増殖—』は日本でも２０２３年に公開されたばかりである。２０２０年には『楽園の夜』を発表して、その年のヴェネツィア国際映画祭でも上映されている。

この三本を見ると、これまで男の世界を描いてきたパク・フンジョンが、女性を描こうとしてい

るように思う。もちろん、それは観客の変化に影響を受けているとも考えられる。

『楽園の夜』は、姉と姪を失ったテグというヤクザの男が、敵対する組織のボスを殺し、済州島からウラジオストックに逃亡するまでの数日間を描いた作品だ。

テグを演じるのは、キム・ジウン監督の映画『密偵』（2016年）で注目され、そのときに共演したソン・ガンホに認められ『タクシー運転手 約束は海を越えて』（2017年）にも出演したオム・テグ。『コインロッカーの女』（2015年）でも、短いながらも深い印象を残している。

オム・テグの声がいい。韓国のこの年代の俳優には珍しいハスキーボイスで、この映画に限って言えば、いつもよりも何倍も色気が感じられる。

『楽園の夜』のビジュアルと、映画が始まってから数分間は、この映画も『新しき世界』のように、組織の人間関係のもつれを描くのかと思っていたのだが、そんな部分を描きつつも、テグが済州島で身を寄せる家にいたジェヨン（チョン・ヨビン）との関係性に時間が割かれていた。しかし、それは以前の韓国ノワールによくあった男女のロマンスというわけでもない。

ジェヨンは済州島についたテグを車で迎えにいくのだが、そのときのジェヨンのスタイルがジーンズにパーカー姿でフードを目深にかぶっているのがいい。ニコニコして明るいだけのステレオタイプな（あらまほしき）女性ではないとわかるからだ。

ジェヨンはなぜか敷地内で拳銃を撃っていたかと思ったら、その銃口を今度は自分のこめかみに向ける。それをたまたま見ていたテグは彼女を救おうとするのだが、その後に彼女が余命いくばくもないことを知るのだった。

ほどなくしてジェヨンの叔父が組織の人間に殺されてしまう。ジェヨンは怒り、叔父を殺した組織の人間たちに拳銃で報復し、テグと逃避行をすることになる。お決まりの展開ではあるが、二人はひとつの宿で過ごすことになる。

部屋では、ジェヨンが、テグに隣に寝ていいと言ったにも関わらず、テグは「俺にも一応好みってものがある」とか「俺が誘われれば誰とでも寝るとでも？」と言い返し、ジェヨンが肩透かしをくらうシーンがあり、そこはラブコメドラマのようでもある。正直、見飽きたやりとりにも思えるが、テグの不器用さと、ジェヨンのそっけなさのせいで、ありきたりなシーンには見えないのが不思議だ。

済州の道をバイクで二人乗りをしたり、名物の水刺身（ムルフェ）を食べるシーンもある。水刺身を食べるシーンは2回出てくるのだが、二人の関係性がまだぎこちなかったときは、テグは口をつけない。しかし、逃避行を始めてからは、テグも水刺身を食べながら子どもの頃の思い出を語る。お約束ではあるが、水刺身は二人の距離を近づける小道具として役立っている。また、二人がバイクに乗るシーンは、台湾のホウ・シャオシェンの映画を彷彿とさせるものもあった。

しかし、こうしたテグとジェヨンの恋愛感情を描いたシーンを見ても、以前のノワールのように、「このくだりは必要なのか？」と思うことはなかった。

その理由を考えると、ジェヨンのような女性の存在が、男性主人公の成長や転換点のためにあり、後に犠牲になるわけではないこと、つまり「冷蔵庫の女」ではないこと。また、お互いに何かを感じ合っている二人が、組織のゴタゴタで引き裂かれるのはノワールのお約束で、それが男女に置き換わっただけだと捉えることもできるからだ。

通常のノワールでは、惹かれ合う二人が、互角の力を持っていることが多い。ジェヨンは拳銃さばきがうまく、テグに一方的に守られる存在ではない。もちろん、彼女が守られる場面や、足手まといになる場面もあるにはあるが、彼女自身もテグのために自分の力を使って闘える人である。同じように力を持った人間同士であるということが前提にあることで、以前のノワールに出てくる恋愛描写とは一線を画しているのだろう。

またノワールでは「タバコ」が人の距離を縮める小道具になることも多い。例えば、お互いのタバコに火をつけ合う行為を、感情の交わりの象徴と描くこともある。この映画でも、テグとジェヨンが水刺身を食べた後、裸足で済州の砂浜に立ち、二人が横に並んで同じ方向を見ながら無言で煙草を吸うシーンがあるのだが、男女が同じ方向を向いてタバコを吸っているシーンが清々しい。『ドライブ・マイ・カー』(2021年)で、西島秀俊演じる主人公と、三浦透子演じる運転手がルーフトップから煙をだしながら煙草を吸っているシーンのような効果があった。

ただ、冒頭に書いたように、この映画のオム・テグに異様に色気があることもあって（たぶん、そのように演出、演技しているのだとは思う）、二人に同志的な意味と同時に性愛という面でも惹かれ合う部分があるようにも見えた。これはこれで悪くはない。男同士のノワールにだって、そのどちらにもとれる感情は描かれているのだから。

パク・チャヌクの『別れる決心』（２０２２年）は、「愛している」という言葉を使わずに、いかに愛を描くかという映画であったと言われているが、『楽園の夜』も、恋愛映画のような形をとらずに、いかにロマンスを描くのかということをやっているような気がした。

もちろん『新しき世界』のようなものを求めてこの映画を見た人は、少し肩透かしをくらうような気持ちにもなるかもしれないが、感情という面を見たら、やっていることはあまり変わらないのかもしれない（ただ、あそこまでの作品かと言われれば何とも言えないが……）。

パク・フンジョンは、『The Witch 魔女』の制作をこれからも続けていくようだ。この作品は、これまでの作風とはガラリと違い、ファンタジーやSF世界を描いた物語になっている。そのことで、女性と力を描くことに成功している。

かねてより私は、女性が男性たちと互角な力を持って闘う物語というものが見たいとは思っていたが、どうしても体格差があったり、動機づけ（これは女性ならではの動機があるというわけではなく、女性として生きていて出会う怒りの根源が、社会環境によって男性とは違ってくるという意味においての話である）の面で、男性のノワールをそのままでやってもかみ合わないような気がしていた。

しかし、『The Witch 魔女』では、主人公の少女は人体実験によって巨大な力を持ってしまったという設定となっている。それならば、華奢な少女が巨大な力を持っていたとしても違和感なく見ることができる。これは少女だけでなく、少年の場合にも有効であり、ソ・イングク（とはいえ、イングクは15キロも増量し、まるで肉襦袢を来ているような体つきになっていたが）やチャン・ドンユンといった線の細い若手俳優が出演のバイオレンス・サバイバル・アクション『オオカミ狩り』（2022年）などもやはり、ファンタジーやSFの要素があるからこそ、彼らに屈強な男たちや怪物と互角に闘える「力」があることが自然と成立していた。

この『The Witch 魔女』では、主人公を演じる俳優も、その周りの俳優も、『新しき世界』（2013年）のときのように、おなじみのベテラン俳優が揃っているわけではない。韓国映画はコロナ禍以降、2013年から数年間の黄金期のように「良い作品ならば500万人は入る」という予想が立たなくなって、2000年代前半の状況に戻りつつあるように見える。つまり、これまでと同じように作っていたのではいけない時期が来ているのだろう。そんな中、女性に焦点を当てた作品を作ったり、主役をオーディションで選んだり、ほかの映画で見かけるお馴染みの俳優をそろえたりしていないところに、パク・フンジョンなりの新しいやり方が見えるようだ（もちろん、こちらには見えない理由もあるのかもしれないが）。

知名度のある俳優に頼っていないからこそ、『楽園の夜』のジェヨンも、『The Witch 魔女』の主人公の少女たちも、仏頂面で、その奥に力を秘めた、神秘的でありきたりでないキャラクターになっているのかもしれない。

物語において、少女や女性の「力」というものは、知らず知らずに封じ込められていることは多い。そしてその抑圧されていた状況を描き、その力を爆発させるという物語は多い。

思い出されるのは、スティーヴン・キングの小説を原作に描いた『キャリー』（1976年）や、マーベル映画初の女性主人公の『キャプテン・マーベル』（2019年）やディズニー映画『アナと雪の女王』（2014年）だ。

現実の社会でも、女性があまりにも強い力を持つことは、男性が強い力を持つことのように肯定されないことが多く、当の女性たちは、自分の能力を正

「怪物」なみの力を持つ少女（キム・ダミ）

当に評価されたいという思いと、社会がそれを行使することを望まないこととの狭間で引き裂かれていたりもする。

「そんなことはないのでは？」と思う人もいるかもしれないが、腕力に限らず、能力や権力を持ちすぎると、「女性らしさが失われ、愛されない」と思い込まされることはある。だから、能力を隠したくなったり、能力は目立たないようにほどほどに使わないといけないと思っている人もいるだろう。映画の中に、女性の抑圧された「力」を描くものはあっても、単純に女性の持つ「力」に焦点を当てた作品は多くはない。

しかし、『The Witch 魔女』で少女は当たり前のように「怪物」並みの力を持っているし、その力を自分で隠そうとはしていない。シリーズを通して、彼女たちの「力」がどのような意味を持つのかは、まだ見えてきていないが、この先、「力」をどう描いていくのかを見守りたいところだ。

ただ、よくよく考えると、ヤクザ映画というものは元来、社会的に周辺に追いやられているものが、社会や組織の中でとことん理不尽な目にあい、大切な誰かを失ったり、自分の尊厳が奪われたりしていて、そこで知り合った同じ境遇の誰かと強いシンパシーを抱き、ある沸点に達したときに感情を爆発させることがカタルシスになるような形のものも多かったジャンルなのだ。

そう考えると、少女や女性たちが、同じようにとことんまで奪われ、第三者と通じ合い、ある沸点で爆発するという物語は、ぴったりとハマるものなのかもしれない。

ただ、こうした構造で作られた女性もののノワールは現時点では少ないとも感じるが、韓国に限らず、挑戦しようとしている監督も増えてきている。

女性の憤りと爆発を描くには、フェミニズムは切っても切れないものでもあると思う。そのような視点でリアルな怒りと感情の爆発が描かれた女性主人公たちのノワールがたくさん出てくることを願わずにはいられない。

Blu-ray 価格 5,170 円（税込）
発売元：カルチュア・パブリッシャーズ
販売元：TC エンタテインメント

女性の怒りを描いた王道クライム・アクション

『ガール・コップス』（２０１９年）

監督・脚本：チョン・ダウォン
出演：ラ・ミラン、イ・ソンギョン、スヨン、ユン・サンヒョン

抑圧された女性が爆発する物語とノワールは相性がいいはずで、そんな作品が見たいと前ページで書いたが、すでにできていたことをすぐに思いだした。

２０１９年の映画『ガール・コップス』は、日本では映画館での公開はなく、ＤＶＤと配信で見られるようになっている。ちなみに、この映画はクライム・アクション・コメディというジャンルに入るのだとは思うが、『ベテラン』（２０１５年）がノワールに入るのであれば、これもこの本に入れてもいいだろう。なにより、犯罪映画の文脈でこれだけ女性が痛快に活躍する映画はなかなかないし、この映画にも描かれていることだが、犯罪に重いも軽いもない。女性たちが、性犯罪で苦しめられている犯罪映画は、政治家や検事や財閥のような権力を持つものを描いた映画よりも軽いとか、犯罪映画として軽いと見られてはいけない。

主演はラ・ミラン。韓国ではドラマ『恋のスケッチ〜応答せよ1988〜』（2015年）でブレイクしたと言われているが、日本で言うと『親切なクムジャさん』（2005年）に出ていたというとわかる人も多いだろう。

このラ・ミラン演じる刑事パク・ミヨンはかつては女性刑事機動隊の一員として犯人逮捕と治安維持に寄与して表彰されたこともあったが、今では子育てと両立するために警察の総合相談窓口で働いている。

ミヨンは、刑事としてバリバリと働いているときに、その仕事っぷりをみたチョ・ジチョルから一目ぼれされ、結婚したのだ。

この夫のチョ・ジチョルの設定も面白い。彼は検事を目指しているが、いまだ試験に受からず無職のままだ。頼りにならない夫だが、それでも懸命に妻を助けようとする場面が映画の笑いどころにもなっている。

演じているのはユン・サンヒョン。ドラマ『僕の妻はスーパーウーマン』(2009年)でブレイクし、次に出演したドラマ『お嬢さまをお願い！』（2009年）では、ユン・ウネ演じるヒロイン相手に男性主人公を演じた。木村拓哉に似ていると評判で、日本でもファン・ミーティングをしたりもしていた。そんなユン・サンヒョンが、うだつのあがらない夫役をしているのだった。

ジチョル、ミヨン夫婦と一緒に暮らしているジチョルの妹のチョ・ジヘ（イ・ソンギョン）は、幼いときに兄のジチョルと共に、ミヨンが刑事として捜査している姿を見て刑事になったのだろう。しかし、自身は捜査での失敗により、一時的にミヨンと同じ相談課に赴任することになった。

相談課には、ハッカーも顔負けなほど（いや、実際にもハッカーだったのだが）サイバー捜査に強いジャンミ（少女時代のチェ・スヨン）もいて、いつも三人でコントのように口論ばかりしていた。

そんな相談課に、一人の女子大学生が駆け込んでくる。彼女は友達とクラブで遊んでいたところ、店にいた男に体が動かなくなる麻薬を使用され、そのときに撮影された写真をネットにアップされ、3万いいねがついたら、動画を拡散されると脅されていて、相談課を出たところで車にひかれて、意識不明となってしまった。

巷では、性犯罪を苦に自殺した女性のニュースも報じられていた。ジヘはサイバー犯罪捜査隊に成人サイトの運営者を探すよう依頼したり、女性青少年課に協力を頼みに行くが、人員がいないため取り合ってもらえない。大学生の動画公開を阻止するために、懲戒中のジヘ自身が捜査に出ると、ミヨンも後を追う。相談課に残ったジャンミは防犯カメラを駆使して、彼女たちの捜査に協力する。

私はこの本で、体格差があることによって、女性の「力」、特に腕力の描き方が難しいと書いてきたが、ミヨンは警察官であるし、元柔道の選手ということでめっぽう強く、正義のためなら手荒なことも辞さない。そんなところも、『ベテラン』の女性版に見える。

『ガール・コップス』は『ベテラン』のように、その時代に起こった問題や出来事を物語に盛り込んでいる映画でもある。『ガール・コップス』の場合は、その事件内容から、「n番部屋事件」を思い起こす。

この「n番部屋事件」は、2018年後半から2020年3月まで、メッセンジャーアプリを経由して性的な画像や動画を共有されていた事件で、韓国では『サイバー地獄 n番部屋 ネット犯罪を暴く』(2022年)というドキュメンタリー映画も作られた(日本でもNetflixで見ることができる)。こうしたデジタル性犯罪は、この一件以外にも存在していたのだろう。

『82年生まれ、キム・ジヨン』の小説(2016年)でも、警備員による女性トイレの盗撮と、その画像を社員が共有していたという出来事が描かれていたし、もっと言えば、ソウル・江南駅付近で起きた女性嫌悪に基づくと言われている2016年の殺人事件「江南駅殺人事件」が、これらの映画の根底にはあると言っていいだろう。

『生き残るための3つの取引』と同じ頃には「検察スポンサー事件」があったし、『ベテラン』と同じ頃には「ナッツ・リターン騒動」があったのと同じで、それを直接的に題材としているわけではないが、『ガール・コップス』も、社会的に問題視されている空気を取り入れた物語づくりがされているということだ。

この映画の中でもっとも私がグッときたのは、ミヨンがジヘにとある台詞を言う場面だ。二人は梨泰院のタトゥー・ショップに事件の手がかりがあると知り向かうのだが、そこで乱闘となりミヨンが発砲して警察に連行されてしまい、ジへのいる強力班の男性刑事たちに車で迎えに来てもらうシーンがある。

その車中、オ刑事（チョン・ソクホ）を中心とした男性刑事たちは、いまだ性犯罪事件をまともに捜査する気がなく、自分たちは、「運び屋から売人まで、一網打尽にしないと」「ひさしぶりに大捕り物になりそうです」と派手な事件に夢中で、ミヨンとジへに対しては「〝変態〟を捕まえるんだろ？」「二人で適当にやってくれ」と明らかにバカにした態度をとる。それどころか、事件のことを、「女も同意して動画を撮ってるんだろ？」「犯人を捕まえても、罰金か示談で終わりだ」とまで言うと、周りの刑事たちも、こんな生産性のない会話ははやく終わらせてくれないかな、俺たちにはもっと大事な仕事があるのに……と言わんばかりに退屈そうに時計を見ている。ジへがそれに対して怒ると、「感情的になるな。お前は女だから…」と言うのだが、そこで初めて刑事は一応は自分の言動に「はっ」とするのだった。

ヤクザ映画やノワール映画は、とことんまで追い詰められたものが、爆発する作品も多いと書いた。本書にもたくさんそのような映画はあるが、『ＫＣＩＡ 南山の部長たち』でも、イ・ビョンホン演じるキム部長が、大統領が寵愛するクォン室長にバカにされたり、大統領が釜山でデモをする市民たちに武力を行使しようと言っているシーンが、キム部長に怒りの沸点を迎えさせていた。

『ガール・コップス』では、同僚刑事に、女が被害者になる事件は、なんら業績にならず、「おいしい」案件ではないし、しかも、そんな「取るに足りない」ことに感情的になるなんて「これだから女

刑事パク・ミヨン（ラ・ミラン）と義妹の熱血刑事ジヘ（イ・ソンギョン）

は……」と言われたことが沸点になっているのである。

その後に、ミヨンが言ったのが、「なんでここまですると思う？　被害者が気の毒で？　同じ女として悔しいから？」「女たちが『自分の過ちだ』『自業自得だ』と自分を責めるしかない状況に腹が立つからよ。紛れもない被害者なのに……」という台詞なのだが、私はこのシーンと台詞が他人事とは思えず忘れられない。

しかし、こうした視点は、韓国では誹謗中傷の的にもなってしまったという。こうした誹謗中傷はこの映画の数年前から始まっていた。例えば『82年生まれ、キム・ジヨン』の小説が２０１６年の10月に韓国で出版されたとき、この本を読んだという女性アイドルは、それを読んだというだけで誹謗中傷を受けた。また、この小説が映画化されるとき、主人公のキム・ジヨンを演じるチョン・ユミが誹謗中傷のターゲットとなった。映画公開前には、公開前にも関わらず、映画評価サイトで低い点数をつけられた。それを韓国では〝評点テロ〟と言うそうだ。

実は、この『ガール・コップス』もまた、〝評点テロ〟にあった作品である。ちなみに日本での評価も見てみたが、この映画が女性に対する性加害と、それを自分事だと思わない男性刑事たちのことを描いているにも関わらず、「ジへがかわいい」としか感じていなかったり、とるに足りない映画だというような（少しぼやかして書いているが）評価をしているものもいた。

この作品が、女性蔑視に疑問を呈する作品であるのに、怒るどころかそのメッセージにも気づかずに、低く評価するということは、よほど作品に描かれていることが読み取れていないのか、それとも、内容に気に入らない部分を感じてあえて「つまらない」と冷笑しているのだろうか。

もちろん、この映画のご都合主義的なところが指摘されたりもしているけれど（ご都合主義的なクライム・アクションは山ほどあるというのに）、痛快で、女性たちの抑圧をうまく物語に組み込んでいたと思う。

細かい部分であるが、ミヨンやジへたちのお目付け役であったヨム・ヘラン演じるチュ・チャノク相談課室長も終盤では、ミヨンと同じ女性刑事機動隊の隊長出身であり、女性が警察官として働く上で苦労してきたことも示される。そんなチュ室長の口から、〝ハッカー〟ジャンミが国家情報院で内勤をしていて、数多くの試験と訓練を経て配属されたのが〝コメント部隊〟であり、嫌気がさして相談課に来た（のではないか）ということが告げられる。

〃コメント部隊〃がどのような部署かはわからないが、国家情報院と言えば、その前身はKCIAで、金大中時代に名前を変えた機関である。『KCIA 南山の部長たち』のキム部長の時代と今とでは仕事内容は違うだろうが、かなりのエリートコースであるはずだ。それなのに、能力に見合わない部署に配属されていたということだ。ジャンミと同じように試験に受かった男性たちは、今頃、バリバリ働き、業績をあげていることだろう。

この映画では、最終的にデジタル犯罪組織のリーダーのウジュン（ウィ・ハジュン）と、ミヨン、ジヘが、街中で市民の見ているその前で拳と拳で闘うシーンがある。これは、『ベテラン』のように、男性の刑事たちが演じてきた数々のクライム・アクション・ノワールの王道のシーンへのオマージュでもあるだろう。

クライム・アクション・ノワールで男性たちがやってきたことを、そのままそっくり女性でやって見せると言うことは、オマージュ以上の意味があるように思う。長年、女性映画にはなぜこのように大衆の面前で女性刑事たちがかっこよく闘うシーンがなかったのだろうという問題提起もあるだろう。また、このように何度も繰り返し描かれてきた手垢のついたシーンは、男性刑事の映画であれば、今更はやらないような類のもので、ただ、女性刑事が主人公の映画が少なく、いまだそれが実現できなかったからこそ、一回、真正面からやっているようにも見えた。「私たちにだってできるのだ」と。

『ガール・コップス』は、公開後、１６２万人の動員を記録し、なんとか損益分岐点を超えたそうだ。この数字を、女性のバディものでよくやったと見るのか、それとも、もっと見られるはずだと考えるべきなのかの判断は難しいが、私はこれからもこの映画をもっと多くの人に見てほしいと思う。

この映画でラ・ミランは初主演を果たし、その後も、『正直政治家チュ・サンスク』（２０２０年）に主演し、２０２２年にはその続編も公開された。彼女の主演映画が続々と作られているということは、『ガール・コップス』の意義も認められているということだろうか。こちらの映画の続編も見てみたいものだ。

価格：￥4,180（税込）
発売・販売元：ギャガ

感傷的（メロウ）な感情に浸っていたい

『新しき世界』（2013年）

監督・脚本：パク・フンジョン
出演：イ・ジョンジェ、チェ・ミンシク、ファン・ジョンミン、パク・ソンウン、ソン・ジヒョ

2013年というのは、韓国映画がノリにノリ始めた年であった。この年に初めて年間の観客動員数が2億人を突破。人口が日本の約半分である韓国では、一人が年間に4回映画館に足を運んだということになる。

実際に韓国で動員数が多かったのは、『7番房の奇跡』が1200万人、ポン・ジュノとソン・ガンホのタッグでハリウッドでも公開された『スノーピアサー』が900万人、それ以外もハン・ジェリム監督、ソン・ガンホ主演の『観相師－かんそうし－』に、リュ・スンワンの『ベルリン・ファイル』、キム・スヒョン主演の『シークレット・ミッション』、ハ・ジョンウ主演の『テロ、ライブ』、本書でも取り上げた『監視者たち』『新しき世界』といった作品が500万人以上の動員を記録していた。

当時（と言っても日本に来るのはその年の後半から翌2014年になってはしまうが）、韓国映

冷酷な上司カン課長（チェ・ミンシク）と潜入捜査官ジャソン（イ・ジョンジェ）

画の試写室に行くたびに、満足感があったのを覚えている。私とハン・トンヒョン氏との共著『韓国映画・ドラマ――わたしたちのおしゃべりの記録２０１４～２０２０』が２０１４年から始まっているのは、ハンさんと試写室を出た後に、映画の感想についておしゃべりをしていたことがきっかけであり、この本は当時の韓国映画の勢いがそのままおしゃべりに反映されたものでもある。

中でも『新しき世界』を見たときの興奮はやっぱり忘れられない。監督は、２０１０年に『悪魔を見た』『生き残るための3つの取引』の脚本を担当し、自らも２０１１年に『血闘』で監督デビューし、本作が二作目となるパク・フンジョン。

映画を作るきっかけは、チェ・ミンシクが『悪魔を見た』に出演したときに脚本家であるパク・フンジョンと出会い、その後も彼の脚本を読んでいたことにあるという。主人公のひとりイ・ジャソン役のイ・ジョンジェにはチェ・ミンシク自らが電話をして、「映画に出ないか」と誘ったというほどの力の入れようだ。しかし、出資者たちは、ノワールは興行的にヒットしないと見ていたという。※1

前年の『悪いやつら』がやくざ映画、ノワール映画であるのに（と当時は思われていた）珍しく興行的に成功して、変化の兆しは見えてはいた。ただ、『新しき世界』の制作が始まったのは『悪いやつら』が興行的に成功する前のことだろう。『新しき世界』は、『悪いやつら』と同じハン・ジェドクがプロデュースや製作に関わった作品であるが、製作段階では、彼にもまだこのノワールが興行的に成功するという未来は描けていなかったのかもしれない。

２０１３年の公開当時の評論記事を探していたら、「飽き気味だったヤクザ映画が変わった……ハ・ジョンウからファン・ジョンミンまで」というタイトルのものもあった。その記事には「すでに旬の過ぎたジャンルだと思われていたヤクザ映画が一皮剥けた感じで観客を刺激する」「（『悪いやつら』について）この映画は、これまでヤクザ映画に登場したありふれた設定ではなく、新しい角度で組織暴力団の話を描いた新しい韓国流ノワール映画という反応を得た」とも書かれていた。※2

２０１３年当時に、『新しき世界』が「ありふれたヤクザ映画」ではないと感じられた理由のひとつに、潜入捜査官ものであるということも関係しているだろう。今では、潜入捜査官ものは、韓国ノワールの「お約束」ともいえるくらいに頻繁に作られるようになったが、それまでの韓国ノワールに潜入捜査ものは少なかったのだ（それは本書を読んでも伝わるだろう）。『新しき世界』の完成披露の場では、

※1　https://news.kstyle.com/article.ksn?articleNo=1961473
※2　https://eiga.com/movie/1889/interview/

潜入捜査ものであるということで、香港映画の『インファナル・アファア』（2002年）と比較する質問が次々と飛び出ていたほどである。

『インファナル・アフェア』以前にも、香港映画には潜入捜査ものの名作があった。1987年のリンゴ・ラム監督、チョウ・ユンファ主演の『友は風の彼方に』もそうだ。この映画に影響を受けたクエンティン・タランティーノが『レザボア・ドッグス』（1992年）を撮ったのは有名な話である。

『インファナル・アフェア』はアンドリュー・ラウとアラン・マックが監督を務め、アラン・マックとフェリックス・チョンが脚本を手掛けた香港を代表するノワールである。私は、1997年頃にウォン・カーウァイを通じて香港映画を知り、アンドリュー・ラウ監督のチンピラもの『古惑仔』（日本では『欲望の街』）シリーズで沼にはまった。日本の漫画原作を実写化した『頭文字《イニシャル》D THE MOVIE』（2005年）の公開時には、アンドリュー・ラウ監督にインタビューをしたこともある。

その上で誤解を恐れずに書く。香港映画を広く見ている人には理解してもらえると思うが、アンドリュー・ラウは、大衆的な映画を撮ることが得意な人で、けっこうトンチキなテイストの作品も多い。だから、『インファナル・アフェア』のシリアスなトーンは意外だったのだ。しかも、監督のアンドリュー・ラウ自身も、周囲から「こんな映画が儲かるはずはない」と言われていたのだという。

警察に潜入したヤクザとヤクザの世界に潜入した警察官というアイデア、そしてその二人をアンディ・ラウとトニー・レオンという二大スターが演じ、潜入捜査官のヤンとコンタクトをとる刑事をアンソニー・ウォンが演じている。そんな映画が、面白くないわけがないのに、当時は「儲かるはずがない」と言われていたのは意外だが、もっとコミカルで派手なトーンのもののほうが「儲かる」と思われていたのかもしれない。

私が『インファナル・アフェア』の中でも最もグッと来たのは、チャップマン・トー演じる下っ端ヤクザのキョンと、トニー・レオン演じるヤンとのシーンである。キョンは、普段はちょっと抜けたところがあるのに、ときおり妙に野生の勘が効き、肝心なところを深く見ている。ヤンとはなにげないやりとりを重ね、関係性が築かれていたのだが、そんな彼が、ヤンの正体をわかってかわからずか、犠牲になるという部分は胸が締め付けられた。この場面は、『映画は映画だ』（2008年）のソ・ジソブとヤクザの下っ端のシーンに少し影響を与えているのではないかとも感じるほどだ。

潜入捜査の指示を出すウォン警視（アンソニー・ウォン）と、ヤンとの関係性も良い。しかし、アンディ演じるラウ刑事と潜入捜査官のヤンとの関係性には少し物足りないところもあった。『インファナル・アフェア』ほどの映画であれば、ラウとヤンのように相反する組織にいて、絶対に共感し合ってはいけない二人が、シンパシーを感じるシーンもあるべきだと個人的には思ってしまった。もちろん、警察学校をドロップアウトするヤンを見てラウも彼のように解放されたいと願い「(ああ)なりたい」とつぶやくシーンや、スピーカーを取り扱うお店で同じ音楽を聴いて二人が一瞬だけ交錯したシーンにお互いのシンパシーを感じることはできるが、その部分を増幅させれば、もっと感情を揺さぶられただろうにと思えるところもあるのである。

また、アンディ演じる警官が、結局、自分の身分や出自を知るものがすべて消えてしまい、ここからは誰も自分の正体（警察に潜入した元ヤクザであること）を知ることもないし、自分しか知らない罪を背負いながらこれからも生きていく（実は妻だけがそれを知っているが）ことになる。

そのことはこの映画の香港でのタイトルである「無間道」つまり「無間に続く地獄の扉を開いただけなのだ」と示す結末となっており、そこはもちろん面白かった。仏教を取り入れた東洋的な視点のノワールを完成させたという意味では、映画史の中の重要な出来事であったとも思う。

しかし、ラウが「罪をこの先も背負って地獄を生きていく」と覚悟しているというよりも、この先ものうのうと生きていくだけなのではないかと思われたところが、個人的には少し残念なのであった。

『生き残るための3つの取引』（2010年）でファン・ジョンミンが演じた刑事も、ラウ刑事のような「無間道」に迷いこみそうになった人物だろう。自分の罪を知るものを次々と殺し、この先は「無間道」を背負いながら生きていくのだろう……と思われたが、実は彼の悪事は見られていたのである。この映画に関しては、「見られていた」ことで、それは許されなかったというオリジナリティのある展開になってはいたが、『インファナル・アフェア』のアンディ・ラウ演じる刑事の境地と同じものが（途中までは）流れているように感じた。

『新しき世界』もまた、誰かが罪を犯し、その罪を一人で背負って生きていく「無間に続く苦しみへの道」の始まりを描いた作品ではないかと個人的には思っている。

前置きがかなり長くなってしまったが、『新しき世界』は、刑事のカン課長（チェ・ミンシク）に命じられ、部下のジャソン（イ・ジョンジェ）が韓国最大の犯罪組織・ゴールドムーンに潜入する物語である。

ジャソンがゴールドムーンの中で共に行動しているのは華僑のチョン・チョン（ファン・ジョンミン）だ。しかし、ある日ゴールドムーンの会長であるソク（イ・ギョンヨン）が愛人と会った帰り道で交通事故で亡くなってしまい、後継者争いが勃発。次世代の候補として、チョン・チョンとイ・ジュング（パク・ソンウン）の名が挙がる。かねてより犯罪組織をコントロールしようとしているカン課長と、その上司のコ局長（チュ・ジンモ）は、この混乱を利用して「新世界プロジェクト」を進めようとするのだった。「新世界プロジェクト」が何かと言えば、警察の側が、犯罪組織の後継者争いに外から関与して、犯罪を縮小させようという計画だ。最終的には引退に近い状況であったチャン・スギ理事（チェ・イルファ）と警察がつながって、チャン理事をゴールドムーンの次期後継者に仕立て上げようとするという、警察としてはありえないところにたどり着いた。警察と犯罪組織がズブズブになってしまったのである。

カン課長も、もとは犯罪を検挙したいという希望から行動に出たのかもしれないが、次第にそのような理想はどこかに置き去られ、後戻りのできないところまで来てしまった。諸悪の根源というか、恐ろしいのはなにも考えていないコ局長に見えるのもリアルだ。

よく言及されることではあるが、やはり『新しき世界』は『インファナル・アフェア』の関係性と重

チンピラ時代のチョン・チョン（ファン・ジョンミン）とジャソン（イ・ジョンジェ）

ねて見ることができる部分があるし、またまったく正反対の部分もある。

『インファナル・アフェア』で潜入捜査官に指示を出すのはアンソニー・ウォン演じるウォン警視である。ウォン警視には、トニー・レオン演じる部下のヤンに対しての情もあるし、彼に無理な任務に就かせてしまっていることに罪悪感もある。しかし、『新しき世界』のカン課長は、目的のためには手段は選ばないし、そのことで追い詰めたジャソンとの間に情は生まれない（少しは申し訳ないと思ってはいるだろうし、カン課長自身も引き返せないくらいに追い詰められてはいるとはいえ）。

『インファナル・アフェア』では、ウォン警視がヤンに腕時計をあげることが情の印になってるが、『新しき世界』でジャソンに時計をあげるのは、カン課長ではなく、潜入先のヤクザのチョン・チョンである。腕時計は情の象徴であると考えると、ジャソンはカン課長に対してではなく、チョン・チョンとの間に、より強い情が芽生えることがわかる。

実は、ジャソンのように元の組織で理想を掲げて活動していたのに、相反する組織に潜入してみたら、潜入先の人物にアンビバレンツな深い情を抱くノワールは少なくない。先に挙げた『友は風の彼方に』なども同様である。

また、男女間ではあるが、『別れる決心』（2022年）で話題のタン・ウェイのデビュー作、アン・リー監督の『ラスト、コーション』（2007年）もまた、タン・ウェイ演じる抗日運動の工作員の主人公が、トニー・レオン演じる特務工作員の易《イー》に近づき暗殺を試みるが、次第に易《イー》のほうにシンパシー（というよりも異性愛として描かれているが）を抱くようになる。これも、潜入先の相反する思想や目的を持った人物に心惹かれるようになる物語のひとつと言えるだろう。

本来なら情を感じてはいけない人物に情を感じるには、なにかしらの理由があるはずだし、それが映画の中に明確に描かれているほうが見ているものにも響く。『新しき世界』で言うならば、チョン・チョンがジュングの車に轢かれそうになったときに、ジャソンがチョン・チョンを咄嗟に身を挺して守ろうとしていたときがその瞬間なのかもしれない。チョン・チョンは、自分を守ろうとしたジャソンの真似をして「かっこよかったなー」と茶化すのだが、人が咄嗟に動くときにウソはない。あれはチョン・チョンにとって相当うれしいことだったに違いない。

もちろん、映画の最後には、ジャソンも華僑であり、若かりしチンピラ時代に、チョン・チョンと青春を共にした描写が分かりやすく挿入されているから、二人には情が芽生えるには十分な時間と出来事があったのだろう。その時間があったからこそ、映画の冒頭から、チョン・チョンが、いつもおどけた態度でジャソンをからかい、「やれやれ」という表情で軽くいなすジャソンという絶妙のコミュニケーションができあがっているのである。チョン・チョンがジャソンを楽しそうにからかうときのあの表情や、ジャソンがそれを受けて困ったように眉毛をひそめる表情があるからこそ、その後の悲しいすれ違いと別れが胸に迫る。

実際のところ、私が最もこの映画に胸を打たれてしまったのは、緻密な脚本によって、次々と物語が転がっていくに従って、チョン・チョンとジャソンが互いに疑心暗鬼になったり、それでも信じたいと思ったりと、二人の「感情」がつぶさに描かれているところだと思う。

その「感情」は、かつてのノワールにお約束的に挟み込まれていた「異性愛規範のメロドラマ的な感情」よりも、ずっと感傷的（メロウ）に心の動きが描かれていて、私には『新しき世界』に描かれている感情こそが真のメロドラマであるようにも思う。

韓国ノワールは、ある時期からは、メロドラマとは真逆のものを作ろうとしていたはずである。しかし相反する組織に属するシンパシーを感じ合ってはいけない二人が、深い情を交わす姿を描くことで、かえってメロドラマになっていたのである。

Blu-ray 発売中＆デジタル配信中
発売・販売元：ツイン

これはまぎれもなく愛のノワールだ

『名もなき野良犬の輪舞』（2017年）

監督：ビョン・ソンヒョン　脚本：ビョン・ソンヒョン、キム・ミンス
出演：ソル・ギョング、イム・シワン、チョン・ヘジン、キム・ヒウォン

第70回カンヌ国際映画祭の特別招待作品として上映された『名もなき野良犬の輪舞』（2017年）。もしまだこの映画を見ていないのであれば、この文章だけは、映画を見終わってから読んでもらいたい。ネタバレの単語ひとつを書いただけでも、映画を見る上での楽しみは半減か、それ以上に減ってしまうからだ。ひとつだけ試写室で映画を見終わった私の感想を書いておくと、「愛しかなかった」という一言に尽きた。

この映画は、時間軸が行ったり来たりするが、それがわかりにくいというわけでもないし、わからなくても、それはそれで放っておいても問題ないだろう。もしもきっちりとわかりたければ、二度目、三度目を堪能すればいい。

物語は、刑務所から出所してきたヒョンス（イム・シワン）が、ジェホ（ソル・ギョング）に出迎

えられるところから始まる。

ジェホはコ会長（イ・ギョンヨン）が経営する貿易会社（とはいえそれは仮の姿で犯罪組織だ）に所属していて、刑務所で出会ったヒョンスをその一員として紹介しようとしていたのだった。

そこから場面は一転、ジェホとヒョンスが刑務所の中でどのように出会ったのかが描かれる……。


（ここからネタバレがあります）


ヒョンスは刑務所に入って早々、大男との派手な乱闘を繰り広げて注目の的に。それを見たジェホは「ぶっ飛んだイカレ野郎だ！」と喜ぶ。つまり「おもしれー男」だと思って気に入ったのだ。

本書では、体格差と暴力についての話を何度もしているが、ヒョンスを演じるイム・シワンの線は細い。そのため、体格の良い受刑者とのアクションシーンは、本来ならば不自然に見えるところはあるのだが、アクションが良い意味で漫画的なので、こういう展開も自然に見ていられる。

後になってビョン・ソンヒョン監督のインタビューを読んだら、「日本の学園ものの漫画が好きで、特に『ビー・バップ・ハイスクー

刑務所を出所し関係を深めていくヒョンス（イム・シワン）とジェホ（ソル・ギョング）

ル』に出てくるような描写を『こういう表現をしたい』とアクション監督に見せました」と書いてあって納得した。※1

その後は何かとヒョンスを助けるジェホ。あるときは、怪我をして顔に傷を負っているヒョンスの頬に手をのばし「お前はアザまできれいだ」と言って、ヒョンスがびっくりして身をのけぞらせるシーンもあった。ジェホの態度には、本人は知ってか知らずかわからないが、セクシャルな欲望が感じられる。監督自身もインタビューで「ロマンスが隠れていて、男性二人のブロマンスを超えたコードを盛り込んでいます」と語っている。※2

ジェホがヒョンスを「チャギヤ」と呼ぶシーンもある。これは、恋人同士がお互いを呼ぶときに使う言い方である。ジェホの右腕的な存在のビョン・ガプ（キム・ヒウォン）は、そんな二人の関係性に恋愛感情があるのではないかとうっすら感じており、当初は、「何だよ、お前らデキてるのか？」と冗談めかしていたが、終盤になると「お前は惑わされてるんだ」「目を覚ませ」とまで言っている。二人にただならぬ空気を感じているのと同時に、ビョン・ガプもビョン・ガプなりにジェホに愛情を感じていたのも伝わってくる。『アジョシ』（２０１０年）でも出てくるが、キム・ヒウォンはどこか可哀そうで憎めない役の似合う俳優だ。

ここまでならば、単に刑務所の中でひとりの美しい青年と、初老のヤクザものが出会って惹かれ合う話であるが、ジェホはヒョンスのことを疑ってもおり、ビョン・ガプに彼の過去を調べさせていた。

※１　http://www.cinema-life.net/interview/1805_nnnr/
※２　https://www.wowkorea.jp/section/report/read/212058.htm

ヒョンスは警察官で、潜入捜査をしていたのだった……。

数々の潜入捜査官ものでは、捜査官に指示をする連絡役の警官がいる。その役割は『インファナル・アフェア』（2002年）ならアンソニー・ウォンが、『新しき世界』（2013年）ではチェ・ミンシクが演じてきた。この映画ではその指示役を女性のチョン・ヘジンがチョンチーム長として演じているのがこれまでにないところだ。

とはいえ、指示役はノワールの中では次第に潜入捜査官と対立していくことが多い。大きな案件を検挙したいという思いで、どんどん逮捕への欲望が肥大化し、潜入捜査官への要望も大きくなるからだ。そして、人を人とも思わぬ無理難題をつきつけられるうちに、「ミイラ取りがミイラになる」ではないが、潜入捜査官は、身近に過ごす犯罪組織の人間に温かみを感じ始めてしまう……ということは多い。

この映画でも、徐々にヒョンスのチーム長に対する信頼は薄れていくどころか、怒りを覚えるようになってしまう。ヒョンスの刑事としての経歴を抹消したり（これは危険を考えてという一面もあるにはあるし、潜入捜査官もののお約束ではあるが）、ヒョンスの母親が事故で死んでも、刑務所を出て葬式に行く手配もせず、代わりにジェホが刑務官を説得してヒョンスの外出許可をとり、またジェホが母親の葬式の費用まで出していたこともあり、すっかりヒョンスはジェホに心を許してしまっていた。

こうした出来事が重なった結果、ヒョンスはジェホに「自分は警察官だ」と告白し、出所後もジェホと共に行動をすることになるのだった。

　ここからのほんのわずかなひとときは、二人にとって幸せだったことだろう。仕事で外国人の集まるクラブに行くときには、エレベーターの中、ヒョンスがジェホのネクタイを自然と直してあげるシーンもあり、二人の関係性が変わっているのがわかった。その後、警察仲間のミン・チョル（チャン・インソプ）がヒョンスに接触してくるが、それをごまかす（とはいえ、ジェホはもうミン・チョルが警察官だと知っているわけだから、むしろミン・チョルを欺くための方が大きいのだが）ために、ヒョンスが用を足すところをミン・チョルが覗いていた、と言うと、ジェホは「自分のモノでも見てろ」とミン・チョルをボコボコにしてしまう。

　ただミン・チョルの接触があったことで、ジェホはヒョンスがまだ警察側についているのではないかと疑い、彼の体になにか隠されてないかと必至の形相でボディチェックをしてしまう。ヒョンスは自分が本当にはジェホに信頼されていないことにショックを受けるのだった。

　思えば初めて会ったときから、ジェホはいつでもヒョンスをさぐるような表情をしていた。それをごまかすように、ときにわざとらしいくらいにおどけていた。

　そして遂に、今までの潜入捜査ものでは見たことのない展開が訪れる。ジェホはかつて、ヒョンスの母親が亡くなったことについて、「あの事故がなければ、俺は今、お前のそばにいない」と悲しそうな顔をして語っていたが、実はヒョンスの母の死は、ジェホの計画によるものであったのだった。

チャンチーム長は、そのことをずっと知って隠していたが、ジェホの側についたヒョンスを警察側に戻そうという魂胆が生まれたとき、「切り札」として母親の事故の映像をヒョンスに見せる。母親を殺したジェホと、ジェホが母親を殺した事実を取引に使うチャンチーム長、どちらが「鬼」なのか私にはわからなかった。

誰かの死を、物語の転換のために登場させるということは、よくあることだ。それが、あまりにもあからさまに物語のためにあったりすれば、この本にはよく出てくる通り、それが「冷蔵庫の女」のようなことになりかねない。

しかし、この映画の中のヒョンスの母親の死は、ちょっとねじれている。ジェホが母親を殺してヒョンスとの絆を作り出したことは「冷蔵庫の女」的な展開であるが、チョンチーム長が、母親の死をヒョンスとの取引に利用するため、人の死を都合よく利用するのは、とても残酷なことではないか？　そう問いかけるような二重、三重の構造になっている。

この事実を知ってからのヒョンスの表情は如実に変化し、何も感じていないような、無の境地になっているいることが伝わってくるような温度のない顔になっていた。それを知ってか知らずか、ジェホはいつもよりもおどけた口調になる。

『新しき世界』でも、ジャソンが刑事であることを知ってしまったあとのチョン・チョンは、わざと口をすぼめて甘えたりおどけたチョン・チョンを演じていたが、『名もなき野良犬の輪舞』でも同様に、悲しい真実を知ったジェホは、わざとおどけるしかない。

〝虚無〟の境地に陥っているヒョンスが、そんなおどけたジェホに、一応は笑みを見せる姿がせつない。

その後、場面は警察とヒョンスとジェホの銃撃戦になる。しかし、このような状況になってもなお、手柄を第一に考えているチーム長の姿は狂気をも感じさせる。

女性バディの活躍を描いた『ガール・コップス』（２０１９年）では、男性刑事たちが自分の業績や手柄のことばかり考えて行動している様子に女性警官が強い憤りを感じていたが、チョンチーム長も同じ状況に陥っている。女性であっても、同じ立場になれば業績にこだわるようになるものなのかもしれない。

しかも、チョンチーム長がジェホを車で轢いたときには、「簡単にジェホを殺そうとするな！」とひとりで叫びそうになってしまった。ジェホを殺っていいのはヒョンスだけだと思ったからだ。

一方、自分だけは手柄を手中に収めたいという欲の塊になったチーム長を撃つヒョンスに戸惑いは一ミリもなかった。

最終的にヒョンスはジェホの命を絶つが、チーム長にしたように拳銃を向けるのではなく、素手でジェホの呼吸を止める。ヒョンスによるジェホの殺め方は、拳銃で殺すよりも身体的な一体感がある。ジェホがヒョンスの手により苦しみ悶えて果てる姿には、はっきりと性的な快感があるように思えた。この場面を見て、この映画は確かにロマンス・ノワールであり、メロドラマだと思った。

この映画には、重要なセリフがある。ジェホの言う「人を信じるな、状況を信じろ」というものだ。これはジェホが生まれてから母親によって無理心中――日本のドラマ『アンナチュラル』（2018年）の台詞を借りるならば、「正しくは〝Murder Suicide〟殺人とそれに伴う犯人の自殺。要するに、単なる身勝手な人殺し」――を計られて、死にかけたり、自分を拾ってくれたボスに消されそうになったからこその悲しい教訓である。

確かに、いつも心の中で「人を信じるな、状況を信じろ」と唱えていたら、騙されることは少ないだろう。政治家などが、状況を無視して、人＝お友達のしたことは信じて不問にしていたら、第三者からすると非常に危険であるから、この考え方はこの考え方で正しいのである（むしろ、私たちは人を信じすぎているから、もっと疑り深くなるべきだとすら思う）。

もしもこの言葉が映画の最後まで貫かれて、「やっぱりジェホの言う通りだったね」という映画になっていれば、これはジェホからヒョンスへの〝継承〟の物語になっていただろう。しかも、出会ったときのヒョンスは純粋すぎるところがあったから、それはよい教訓でもあったし、「俺のことは信じるな」という意味もあっただろう。実際、ノワールに〝継承〟の物語はけっこうあって、本書で書いたように、『コインロッカーの女』（2015年）や、日本の映画『孤狼の血』（2018年）も、〝継承〟の物語である。これらの物語は、〝継承〟し終わったとき、年配者は死ぬ。

『名もなき野良犬の輪舞』では、ジェホも死ぬが、死に間際、ジェホはヒョンスに「お前は、俺のようにしくじるな」という。これはたぶん「人を信じるな、状況を信じろ」という生き方をしてきたことを、ジェホが「しくじった」と考えているのではないだろうか。

ジェホは人を疑わずに生きることはできないほど過酷な人生を送ってきたからこそ、ヒョンスのことですら「信じる」ことができなかったのだ。彼はヒョンスと出会って、愛する人のことは、状況より優先して信じてもよかったのだとやっと気づいたのに、気づいたときにはジェホはヒョンスに手をかけられていた。この映画は、やっぱり〝継承〟の物語ではなく、〝愛〟の物語だ。

私は『新しき世界』のページで、「韓国ノワールは、ある時期からは、メロドラマとは真逆のものを作ろうとしていたはずである。しかし相反する組織に属するシンパシーを感じ合ってはいけない二人が、深い情を交わす姿を描くことで、かえってメロドラマになっていたのである」と書いた。

『新しき世界』では、無意識のうちに感情の部分が膨らんでケミストリーを起こし、意図せずにメロドラマになったという風に捉えていたが、『名もなき野良犬の輪舞』では、監督自身が意識して韓国ノワールというジャンルの中で、メロドラマをやろうと最初から意図して描き、その意図が多くのファンにストレートに刺さったのだった。

Blu-ray、DVD 発売中／デジタル配信中
発売・販売元：ツイン

まっとうな感覚が北と南のふたりを結ぶ

『工作　黒金星《ブラック・ヴィーナス》と呼ばれた男』（2018年）

監督：ユン・ジョンビン　脚本：ユン・ジョンビン、クォン・ソンフィ
出演：ファン・ジョンミン、イ・ソンミン、チョ・ジヌン、チュ・ジフン

『工作　黒金星《ブラック・ヴィーナス》と呼ばれた男』（2018年）は『悪いやつら』（2012年）のユン・ジョンビン監督の作品だ。韓国ノワールを順を追って見返して、この作品にたどり着いたとき「韓国ノワールはここまで複雑なことが描けるものなのか」という感慨に浸ってしまった。

ファン・ジョンミンとイ・ソンミンという50歳になろうかというベテラン俳優のケミストリー、歴史的事実と並走しながらのストーリー展開、潜入者ならではの緊張感、政治に関わる人たちが我々の眼に見えないところでどのような「外交」をしているのかということまでを描いている。これまでの韓国映画（ノワールだけではない）がわずか10年たらずで自分のものにしてきたノウハウがすべて詰め込まれているような作品になっていた。

この映画を本書のどこに配置するのかは、最後まで悩んだ。歴史と並走している一作として配置す

れば、韓国の歴史がより整理されるだろうと思ったが、韓国ノワール多しといえど『新しき世界』（2013年）や『名もなき野良犬の輪舞』（2017年）と並べられるほど、感情を揺さぶられる作品は多くはない。そう考えて、この作品を「感情」の章で書くことにした。

この映画の主人公、ファン・ジョンミン演じるパク・ソギョンは将校をしていたが、1992年に、北朝鮮の核兵器開発の実態を探るスパイになることを国家安全企画部のチェ・ハクソン室長（チョ・ジヌン）から命じられる。パクは「北の核開発の阻止だけが朝鮮半島を救う道」と言われて承諾するのだった。

パクはまず、わざと自己破産して将校の経歴を消す。その後、ビジネスマンとして北京に入り、1995年に、キム・ジョンイルと単独で会うこともできる対外経済委員会審議所長のリ・チェク、別名リ・ミョンウン（イ・ソンミン）と知り合うところまでこぎつけた。リ所長は主

スパイ・黒金星ことパク・ソギョン（ファン・ジョンミン）と北朝鮮のリ所長（イ・ソンミン）

に北朝鮮の外貨獲得の責任者をしていた。

この時代に韓国と北朝鮮に何があったのかというと、1993年に北朝鮮は核拡散防止条約を脱退。1996年には韓国の国会議員を決める総選挙が行われ、翌1997年には、大統領選で、当時の与党から立候補していたイ・フェチャンと、野党の金大中が一騎打ちの戦いをしていた。ちなみに、この後に紹介する『KCIA 南山の部長たち』(2020年)や、『キングメーカー 大統領を作った男』(2022年)では、大統領などの名前は微妙に架空の名前に置き換えられているが、本作はそのままの名前で出てくる。

映画の話に戻ろう。パクに指示を出している国家安全企画部は、与党のイ・フェチャン候補を次期大統領選で当選させることを目的に動いており、北朝鮮と緊張状態があれば、与党への支持率が上がるのではないかと考え、北朝鮮との緊張感を選挙に利用しようとしていたのだった。

映画の中では、1996年4月5日、総選挙の6日前に、北朝鮮が軍事境界線を越えて韓国に砲撃した事実も描かれる。そこから6日後、テレビからは金大中(の立ち上げた新政治国民会議という党)が総選挙で敗れたというニュースが報じられる。それを見たチェ室長や国家安全企画部の上官たちは「国民を揺さぶれば与党に票が入る。ご苦労だった」とささかやに祝杯をあげるのだった。

それが何を意味しているのか。北朝鮮との緊迫した状態を作りだせば、国民は「与党なら、この危機を救ってくれるだろう」という気持ちになり、与党を支持する人が増え、野党の金大中の支持率は下がるということだ。

イ・フェチャンの支持率の変化に翻弄されるのが、ファン・ジョンミン演じるパクとイ・ソンミン演じるリ所長である。二人は、次第にビジネスのパートナーとしての信頼関係性が生まれ始め、北朝鮮をロケ地にして韓国のCMを撮影するという計画も順調に進み始めていた。広告代理店のハン・チャンジュ（パク・ソンウン）とともに動いている最中であった。

しかし、大統領選でイ・フェチャンの風向きが悪くなると、もっと北朝鮮との緊張状態が欲しくなったのだろう。チェ室長は、パクに秘密裡で北朝鮮のリ室長たちと接見。「ペンニョン島など西海の5島をはじめ、休戦ラインで、戦時に準ずる実際の打撃があればよいかと」と韓国側のチェ室長が北朝鮮側に提案するのだった。

これはつまり、韓国与党のイ・フェチャンを大統領選で勝たせるために、この間の軍事境界線に砲撃したときのような緊張状態をまた作りたい。今度は、戦争まではいかずとも、それに近い形で韓国に打撃をしかけてほしいと、北朝鮮側に頼んでいるのだ。

この会話を別室で盗聴していたパクは、北朝鮮と韓国は、共産主義と資本主義というイデオロギーの違いで対立していると表向きには見せているのに、裏では通じていて、お互いに「敵」がいるほうが自分たちの政治に好都合だということで、緊張状態をわざと作っていることに強い違和感を感じている。もちろん、北のリ所長も、このようなやり方には違和感を持っていた。

『ザ・キング』(2017年)のところでも書いたが、日本では、政治的な決定事項などから民衆の目をそらしたいときに、体よく芸能人の麻薬スキャンダルが報じられることや、選挙前に都合よく与党に有利に国民の感情が動かされる出来事があることなどに疑問を唱えると、陰謀論を信じる知性のない態度だとバカにされてしまう。

しかし、韓国映画を見ていると、どこの国の政治にもそのような画策はつきものなのかと考えてしまう。選挙で勝つためには、敵対する国同士が裏で連絡を取り合って、武力挑発を行うことだってあるのかもしれない。この映画の中で金正日も「南朝鮮は私の助けが必要だ。選挙のたびにすり寄って、武力挑発やミサイル発射を頼んでくる、同胞は助けないと」と冗談めかして言っているくらいだ。

我々は、ものごとを疑わないことこそが知性のある態度だとなだめすかされ、疑問を持っていても口をつぐんでいるように長年しつけられている。眉唾なことをにわかに信じない冷静さを都合よく扱われているのではないかと思えてくるのだ。

映画の話に戻ろう。リ所長も、北朝鮮と韓国の利害が一致しているからといって、わざと武力挑発をするようなことに強い疑問を持っている人だった。彼は、内心では、北朝鮮の人々が貧しさから餓死したり凍死したりしていることや、歩けない幼児が血を吐いて死んだり、わずか10ドルで売られていることを憂いていることをパクに伝えるのだった。もちろん、そんなことは普段は口が裂けても言えないことである。

こうした、まっとうな感覚はリ所長とパクの心をつなぐ。『新しき世界』のページでも、「元の組織で理想を掲げて活動していたのに、相反する組織に潜入してみたら、潜入先の人物にアンビバレンツな深い情を抱くノワールは少なくない」ということを書いたが、この映画でも、同じ組織でパクに指示を出していた韓国のチェ室長よりも、北朝鮮のリ所長のほうが考え方も似ていて信頼に足る人間だとわかって、お互いに深い親愛の情を感じあうようになっていたのだった。

時は変わって1997年、大統領選は接戦の末、金大中が当選し、政権は交代する。パクはスパイであることが明るみになり、身の安全が危うくなるが、リ所長の機転によって中国へ逃亡。

リ所長とももちろん離れ離れになってしまうどころか、お互いにこの先、命があるのかもわからない状況であったが、リ所長は、「会うべき人ならいつか会えるだろう」とパクに告げる。私も、リ所長のこの言葉を信じて、希望を持って映画を最後まで見た。

その後のパクは、「い〜つでも探しているよ〜、どっかに君の姿を〜」という、山崎まさよしの「One more time, one more chance」の歌を思い出すくらい、北京でもリ所長の姿を探しているように見えた。

やがて、映画は2005年に時を移す。パクは北京で広告の仕事を続け、遂に悲願の北朝鮮と韓国の女性タレントが共演するCMを撮影する仕事を手掛けることになっていた（韓国側のタレントが、イ・ヒョリで彼女が本人役で出ていることにリアリティを感じる）。ここでパク・ソンウン演じる広告代理店のハン・チャンジュも一緒にいてほっとしてしまった。ハン・チャンジュはいう。「ここまでくるのに10年かかりました」と。

CM撮影のスタジオに、北朝鮮側のスタッフが続々と入ってくる。パクがリ所長を探しているのがわかる。たくさんのスタッフの中からリ所長を見つけ出し、二人の目があったときには、見ている私にも涙が溢れてしまった。やっぱりこの映画は、感情のノワールである。


現実の話に変わるが、2018年4月には、北朝鮮の金正恩朝鮮労働党委員長が、国境をまたいで韓国側に入り、文在寅大統領と握手を交わした。『愛の不時着』（2019年）も『工作』も、この時期だからこそ作られた作品なのだろう。

しかし、この映画はユン・ジョンビン監督が国家安全企画部やその前身のKCIAのことを調べていたときに、スパイ・黒金星の存在を知って映画化したそうだ。

そう考えると、この頃は『KCIA 南山の部長たち』のウ・ミンホ監督にしても、『キングメーカー大統領を作った男』（2022年）のビョン・ソンヒョン監督にしても、みな同じようなテーマで企画を練っていたことになる。韓国映画には、不思議とそういう共通した時代の空気のようなものがある。

Blu-ray、DVD 発売中／デジタル配信中　発売・販売元：ツイン

第九章　歴史との並走

嫉妬心が人を破滅に向かわせる

『ＫＣＩＡ 南山の部長たち』（２０２０年）

監督：ウ・ミンホ　脚本：ウ・ミンホ、イ・ジミン
出演：イ・ビョンホン、イ・ソンミン、クァク・ドウォン、イ・ヒジュン、キム・ソジン

『ＫＣＩＡ 南山の部長たち』（２０２０年）の冒頭では、「本作品は１９７９年に起きた大統領暗殺事件を取り上げ、実録本『南山の部長たち』を基に作られた事件前40日間を描いたフィクションである」というという趣旨の説明が入る。登場人物の名前も、実在の人物から多少の改変がされている。

この映画が実話を元にした作品だから、観客は大統領が最後に暗殺されるとわかっていて、ネタバレに気を遣う必要がないように思えるが、オリジナルの展開で作られているサスペンス・フィクションでもあるから、ネタバレを見てしまわないほうがいい部分が大きい。この文章によるネタバレを避けたい人は、ぜひ配信などで鑑賞してから読んでもらいたいと思う。

映画は、１９７９年10月26日に、大韓民国中央情報部（ＫＣＩＡ）のトップのキム・ギュピョン部

パク大統領（イ・ソンミン）を囲むパク元部長（クァク・ドウォン）、クァク室長（イ・ヒジュン）、キム部長（イ・ビョンホン）

長（イ・ビョンホン）が、拳銃をしのばせ、パク大統領（イ・ソンミン）のいる部屋の扉の前に立っているところからスタートする。

そこから舞台は40日前に戻る。ワシントンDCでは、元KCIA部長のパク・ヨンガク（クァク・ドウォン）が、アメリカの下院議会聴聞会でパク大統領を告発。

このことを知ったパク大統領は怒り心頭で、キム部長はパク元部長が執筆している「回顧録」の出版を阻止するためにアメリカに渡る。

パク元部長とキム部長は、革命を共に志した朋友であり、ワシントンの自由な空気の元では、昔のことを思い出したり、冗談を言い合ったりしていて、二人が親しい仲であったことが伺える。キム部長は無事、原稿を受け取り韓国に戻るが、大統領官邸にCIAの盗聴器が仕掛けられていることが発覚。盗聴器をクァク・サンチョン警護室長（イ・ヒジュン）が見つけたこともきっかけとなり、次第にパク大統領はクァクを（わざと？）かわいがるようになる。

このクァク室長が大層憎たらしいキャラクターである。キム部長を挑発するだけでなく、ハンストをしている野党議員を威嚇するためか、青瓦台（大統領官邸のある場所）に戦車を走らせたりもするし、国会議員を殴ったりもする。つまり、好戦的な人間なのであった。

傍から見ていると、クァク室長はザコ（とパク元部長も言っている）にすぎないのだが、パク大統領に取り入るのはうまく、キム部長は次第に仲間外れにされ朝の食事会や宴会などにも呼ばれなくなってしまう。仲間外れと書くと子どもっぽいが、密な人間関係の中で徐々にキム部長が外されていく心理状態がよく伝わってきた。

一度目、二度目に見たときは、この映画を、情のもつれを描いた作品だと思った。パク大統領に自分こそが認められているという確証が欲しくて、大の大人たちが右往左往している滑稽な物語にも見えた。

ウ・ミンホ監督もインタビューで「朴正煕大統領の暗殺事件について、歴史教科書などでは『権力をむさぼり、寵愛《ちょうあい》を失い、嫉妬した情報部長が大統領を暗殺した』と短い文章で簡潔に伝えられがちだ」と言っているから、大統領の「寵愛」を得たい男たちの物語であるというのは、なにも映画化のために脚色したわけではないようだ。

その上で監督は「『この事件はそれほど単純なものなのだろうか』と考え、『その人々の感情と時代の空気をよみがえらせ』、『どんな事件が起こったのか』ではなく『なぜ事件が起こったのか』について描いてみたかった」と語っている。※

「なぜ事件が起こったのか」については、映画を見ていると、パク大統領が、過剰に部下の気持ちをゆさぶったことが大きく関係しているように見える。

パク大統領は、キム部長を仲間外れにしたり叱り飛ばしたりしながらも、ときおり「君も私の退任を望むのか？ そろそろ引き時だよな？」と弱音を吐いたりする。そうすると、キム部長も「私が、閣下をお守りします」と返してしまう。このやりとり、二人の間でお約束だったのではないかとも思えてくるくらいだ。

こんな風に二面性で人を操ろうとする人はいる。自分がある友人から聞いた話であるが、ある道のトップとも言える立場の人と、その取り巻きのような人達が参加する宴会にたまたま参加したところ、表向きにはほがらかで人当たりのよいそのトップの人が、とりまきを試すようなことばかり言っていたのだという。もう20年程前に聞いた話だが、人は〝お山の大将〟的な立場になったとき、周りが信じれらず、常にその忠誠心が本物なのかを確かめないと不安な生き物なのだなと思った。パク大統領

※ https://www.nna.jp/news/2143683

を見ていたら、そのことを思い出してしまった。

パク大統領は、あるときには、キム部長が遅くまで仕事をしている部屋に「寂しいから、一緒に飲もう」と酒の瓶を片手に訪ねてくることもある。そのときの寂しそうなイ・ソンミンの演技を見ていると、計算しているようには見えないのだ。一国の大統領が「寂しいから……」と部屋を訪れる率直さも、部下たちに「寵愛」を欲しがらせるのだろう。

そんなとき、ウ・ミンホ監督は、小道具として「お酒」を使うのがうまい。『インサイダーズ／内部者たち』（2015年）でも、腐敗した権力を握るものたちの下品な飲み方と、彼らの不正を暴こうとするイ・ビョンホン演じるゴロツキとチョ・スンウ演じる検事が青空の下で酌み交わすさわやかな酒の酌み交わし方の対比が描かれていた。

『KCIA』でも、パク大統領とキム部長は、マッコリとサイダーを混ぜたマクサを飲むシーンがある。このマクサは、二人の若かりし頃によくやっていた飲み方で、昔を懐かしみながら、大統領自らキム部長のために作ったのだった。こういうところも、部下の心をくすぐるのだろう。

このとき、パク大統領がマクサを飲み、「こんな味だったか?」というのが悲しい。二人が若かりし頃には同じ志を持ってともに過ごしていた情景が思い浮かぶし、また「こんな味だったか?」というセリフからは、もはやこの素朴な酒の味をおいしいと思えなくなるほどの時間と変化を感じるからだ。

この本の冒頭の『友へ チング』（2001年）のコラムで書いたように、この二人も遠くまで来すぎたのだ。そう思うと、このシーンを見ただけで泣けてしまう。

ただ、一国の権力を握る人は、人が情にほだされてしまうようなことを計算でやれるのかもしれないとも思う部分もある。反対に、こういうことを天然でやってしまうような人だから、人がついてくるのかもしれないとも思う。もちろん、これは脚色で作ったキャラクターなのだと知りつつ。

でもやっぱりパク大統領は作為の人かもしれない。なぜなら、いつも、自分なんてもうダメかも……と泣き言を言っては、キム部長に（パク元部長にも、クァク室長にも）「君の側には私がいる。好きなようにしろ」と言うことで、逆に相手の選択肢を奪い自分の思い通りの決断をさせてきたのだ。パク大統領が孤独を感じているのは本心だろうが、それをちらつかせて部下を意のままにあやつろうというのは狡猾だ。

おまけにキム部長は、パク大統領と長い時間をかけて信頼関係を結び、朋友のパク元部長を暗殺したというのに（この行動もクァク室長がパク元部長を殺すことが決まっていたが、パク大統領が、酒を持ってキム部長のところに行き、「君の好きにしろ」と言ったからキム部長は殺さざるを得なかったのである。それなのに、後になってパク大統領から、「親友を殺す奴」呼ばわりされてしまうとは！）パク大統領は、ザコとしか言いようのないクァク室長を可愛がり始め、キム部長のことは「終わった」と思い始めている（疑心暗鬼がそうさせるのだが……）。

結局、キム部長がパク大統領を暗殺しないといけないと思った決め手には、「君の側には私がいる。

好きなようにしろ」という言葉を、自分以外にも言っていたことを知ったことも大きいのかもしれない。

現実にも、なぜか身近な誰かと誰かをわざと競わせるような人というのは存在する。そういう人の近くにいると、自尊心が損なわれたり、他人に対して抱かなくてもよい劣等感を抱かされたりして疲弊するものだ。私自身もそんな人に出会ったことがあるが、その真っただ中にいるときには、歪さになかなか気づけないものだ。

しかし、人の感情をそんな風にもてあそぶのはやめた方がいい。なぜならこの映画の中では、パク大統領は、こうしたゆさぶりがきっかけで命を失った面もあるからだ。

映画の話に戻ろう。釜山の放送局に暴徒が火をつけたという情報が青瓦台に入る。これは、1979年10月16日から20日に実際に起きた釜馬民主抗争のことである。パク大統領とクァク室長は、火をつけたのは暴徒と決めつけるが、キム部長はそれは暴徒ではなく、普通の学生と市民だと主張する。この感覚の違いも、二人を分かつ原因となったのだろう。対してクァク室長は、「暴徒は戦車でひき殺してしまえばいい」と言うと、パク大統領も「その通りだ」と賛同し、「1960年のデモでは、デモ隊に発砲を命じた者が死刑になった。だが今回は、私が発砲命令を下せば、誰も文句は言えまい」と続けるのだった。

感情を描いたノワールでは、「まっとうな人権感覚が二人をつなぐ」と私は『工作 黒金星《ブラック・ヴィーナス》と呼ばれた男』（2018年）のページで書いたが、その反対もある。市民に発砲してしまえばいいと言うパク大統領のおかしな人権感覚を見てしまったら、100年の信頼（恋かもしれない）も冷めてしまうということだ。

ただ、釜山の暴徒は武力で弾圧すればいいと言った後、イ・ソンミンがキム部長を見るときの、少々怯えているような、そしてキム部長が何を思っているのか反応をうかがうような表情でチラチラ見る演技がうますぎる。この表情があることで、見ているこちらは、パク大統領は、本当はそんなこと言いたくなかったかもしれないけれど、感情のもつれにより、そう言うことしかできなかったのだともとれるのである。

その後、パク大統領はヘリコプターに乗って防潮堤の竣工式に向かうのだが、クァク室長によってキム部長は制止され、ヘリに同乗させてもらえず、ひとりとり残されてしまう。またこのとき、ヘリに乗っているパク大統領の横顔が、いろんなことを物語っていてせつない。私の想像であるが、「お前が俺の言うことに同意しないから、こんなことになってるんだぞ」と、ちょっと意地をはっているようにも見えてしまう。

ただ、キム部長は決意してしまっている。ある日、宴会に呼ばれた彼は、パク大統領や、そのほかの出席者のために酒を作るが、クァク室長に「酒を作ることだけはうまい」とか「その顔はなんだ、空気を読め」と上から目線でバカにされてしまう。見ているこちらまで、怒りでワナワナ震えてしまいそうだ。

彼は、この「ワナワナ」した気持ちのまま、拳銃を持ち宴会場に戻る。実際、キム部長のモデルとなった金桂元は、憤怒調節障害があったとも言われているが、イ・ビョンホンの演技が凄いのひとことだ。キム部長は、震えで拳銃をうまく扱えない。そこには怒りも焦りも恐怖も興奮も、いろんなものが混じっているように見えた。特に誰もが指摘するところだが、パク大統領とクァク室長を撃って部屋を後にするときに、血で足を滑らせる場面のリアリティは、韓国ノワールの中でも、もっとも印象的なシーンになった。

その後、キム部長はパク大統領らを撃って車に乗り込むが、自分が靴を履いていないことに気づく（パク元部長が亡くなるシーンで、靴を片足しか履いていなかったシーンと重なるようであった）。キム部長は車の運転手から、陸軍本部に行くか、南山の中央情報部に行くかを尋ねられる。たぶん、陸軍に行けばキム部長は捕まり、南山に行けば、クーデターが成功したことになって、次期大統領になれる道もあったのではないかと考えられる。

しかし、キム部長は、自分が人を殺して靴を履くのを忘れるくらいの小さい人間であると気づいてしまった。南山に行って大統領になる器ではないと悟ったのだなということを、イ・ビョンホンの表情が物語っていた。

最後にサスペンスの謎解きの部分についても書いておきたい。キム部長がアメリカでパク元部長と会ったとき、パク部長は、〝イアーゴ〟という謎の人物について語るシーンがある。パク元部長によると、「閣下（パク大統領）は〝秘密情報隊〟を持っていて、そのトップは〝イアーゴ〟と呼ばれている」という。また、その〝イアーゴ〟は、パク大統領から金を託されていて、パク大統領は裏金を資金洗浄をしているというのだ。この作品は、〝イアーゴ〟が誰なのかを追っていく物語でもあるのだ。

映画のラストで、パク元大統領の部屋の金庫の中からスイス銀行の口座取引明細書と、金塊を持ち出すのは、銃撃戦の中にいて運よく生き残った保安司令官のチョン・ドゥヒョク（ソ・ヒョヌ）である。のちの第11・12代大統領全斗煥をモデルにしたこの人物が、パク大統領不在の大統領の椅子を見つめる姿が印象的である。

金のありかを知っていたということは、チョン・ドゥヒョクが〝イアーゴ〟であると考えるのが妥当である。しかし、気になることがあるのだ。

〝イアーゴ〟というのは、シェイクスピアの『オセロー』の中に出てくる登場人物のひとりである。『オセロー』の中では、イアーゴが嘘をついたことが発端で、将軍オセローは妻のデスデモーナと副官のキャシオーが不倫関係にあると勘違いして嫉妬に狂い、妻デスデモーナを殺し、後にオセロー自身も自害してしまう。『オセロー』では、嘘から生まれた嫉妬というものが悲劇を生むのだが、確かに『KCIA』の登場人物たちも、嫉妬が原因で悲劇へと突き進んだ。

しかし、『オセロー』の登場人物が、すべて『KCIA』の人物に重ねあわせることができるわけではなく、複雑にズラされているように思う。

例えば、『オセロー』で将軍に殺されるのは部下であるが、『ＫＣＩＡ』では、殺すのは部下のキム部長であり、殺されるのは大統領である。また、イアーゴはオセローを嫌っていて嘘をついてオセローに嫉妬の感情を生じさせるが、『ＫＣＩＡ』でキム部長に嫉妬の感情を生じさせる〝イアーゴ〟の情報を与えるのはパク元部長であったと思う。

そんなことを考えていると、パク大統領に金を託されていたのは、本当にチョン・ドゥヒョクだったのだろうかという疑問が残るのだ。

なぜなら、前半のシーンで、クァク室長はチョン・ドゥヒョクに自分の名前が書かれた棒状のもの（万年筆？）と、札束の入っているであろう封筒を渡し、受け取ったチョン・ドゥヒョクは、「ありがたく使わせていただきます」と言ってクァク室長と握手をしているのだ。このシーンを見ていると、お金を持っているのはクァク室長のように見えてしまう。

また、パク元部長は、パク大統領から、金を着服していると疑われていたが、パク元部長は、疑われた瞬間にきょとんとした表情になり、「私はお金に関しては潔白です」「私腹は肥やしていません」と訴える。私はこの「お金に関しては」「私腹は」の「は」が重要な気がしている。つまりパク元部長は、その他については後ろ暗いところはあるけれど、「お金だけは違う」と訴えているように見えるのだ。「お金」に関しては潔白だからこそ、誰かがパク大統領の金を託され、資金洗浄をしているという〝イアーゴ〟の噂話が信じられるのではないだろうか。

ただ、パク大統領がパク元部長を疑っているということは、パク大統領も、誰かが金を着服しているということは知っているが、それが誰なのかは本当のところは知らないということだろう。

結局のところ、チョン・ドゥヒョクは、クァク室長にお金をもらっていたシーンを考えても、単にパク大統領が裏金を資金洗浄している事実だけを知っていて、彼の死後、それにありついただけなのかもしれない。あくまでも映画を見て、私がそう推論しただけであるが。

そうなると、パク大統領が、〝イアーゴ〟を寵愛しているという話ははなから架空の話であり嘘になる。「南山の部長たち」は、ありもしない嘘で嫉妬心を燃え上がらせ、疑心暗鬼になって破滅したという解釈で描かれたのだとしたら、この物語は皮肉で滑稽な寓話のようである。

Blu-ray & DVD 好評発売中
DVD 4,290 円（税込）
Blu-ray 6,380 円（税込）
発売元：クロックワークス
販売元：株式会社ハピネット・メディアマーケティング

金大中のよりよい未来を信じる諦めない心が今の韓国エンタメを築く元になったとわかる

『キングメーカー 大統領を作った男』(２０２１年)

監督・脚本：ビョン・ソンヒョン
出演：ソル・ギョング、イ・ソンギュン、ユ・ジェミョン、チョ・ウジン

『キングメーカー 大統領を作った男』(２０２１年)は、韓国の第15代大統領の金大中と、彼の選挙参謀の厳昌録の実話を元にした映画である。金大中をモデルにしたキム・ウンボムをソル・ギョングが、厳昌録をモデルにしたソ・チャンデをイ・ソンギュンが演じている。

小さな薬局を営んでいたソ・チャンデは、野党・新民党に所属するキム・ウンボムに手紙をだし、後日ウンボムの選挙事務所を訪れる。突然、事務所に現われて「そんな古いやり方では、今度も落ちますよ」とかまし、続けて「先生の公約も政策も素晴らしいですが、その日暮らしの労働者にはクソの役にも立ちません」とまっとうなことを言う。チャンデは、政敵の自由党のやり方のように、資本家のやり方で選挙を戦うべきだと提案する。

ウンボムも最初のうちは、チャンデのことを「面白い奴が来たな」という表情で見ていたのだが、アリストテレスの「正義こそが社会の秩序だ」と言う言葉で自分とは考え方が違うことを説得しようとすると、チャンデは、「アリストテレスの師匠は〝正しい目的のためなら手段は不問〟」と言っているのだと返す。ここで、やられたなあという表情で「プラトンがそんなことを……見損なった」というウンボムの表情がなんとも愛嬌がある。

一時はスタッフに追い帰されそうになったチャンデだが、北出身の父親が差別で殺され、方言を直したというエピソードと、手紙に入れた押し花が、毒にもなる薬草であるということを告げると、『キングメーカー』というタイトル画面に変わる。チャンデは採用されたのだった。

その後、ウンボムは補欠選挙で初当選し、1967年には木浦で共和党のキム・ビョンチャン（チョン・ジェソン）候補と一騎打ちのところまで来ていた。共和党のパク・キス大統領（もちろん架空の人物にはなっているが、モデルはもちろん『KCIA』と同じ、あのパク大統領＝閣下である）は、ウンボムの影響力を重視し、木浦に応援演説に来るほどの力の入れようであった。

その頃には、ウンボムの演説も明確になり、求心力を増しているのがわかる。そこにはもちろんチャンデの選挙参謀としての手腕があった。しかし、どんなにウンボムを支えても、チャンデは表舞台には立たせてもらえない。一度は静養のためという建て前で休暇に出されていたが、キム・ビョンチャンとの選挙を前に、もう一度選挙事務所に呼び戻される。

そこからのチャンデは、勝つためなら無謀なやり方も辞さない人になった。共和党がやっている違法なスレスレなやり方を、チャンデも取り入れたのだった。ときには共和党員の制服を着て、共和党の印象を貶める行動を村の人々にとったり、共和党が配ったシャツや靴、小麦粉などを共和党員のふりをして返してもらい、村民の怒りを引き出すような戦略で、次第にウンボムの支持率は上がっていった。

演説中にビョンチャンから不正を指摘されると（元は自分たちがやっていたことなのに）、ウンボムは「資金もないと指摘したのに、新民党が配れるわけがない、盗人猛々しい」と、うまく切り抜け、大衆に向かって「そなたに志あらば、我を捕らえ命を奪わんとするこの国の政府から、パク政権の毒牙からキム・ウンボムを守り給え、真の自由のために」と演説し、大衆からの喝さいを浴びる。

この様子を見て私は、ウンボムも一時はチャンデを利用し、彼のやり方を取り込んだのだなと思った。ウンボムにだって、「勝たないといけない人」なりの狡さもあるのだなと。

ウンボムは選挙に勝ったが、やはりチャンデは表で共に喜ぶこともできない。やがてチャンデの元には、その選挙参謀としての手腕についての噂を聞いた共和党のキム部長（ユン・ギョンホ）とイ室長（チョ・ウジン）が現れるが、チャンデは彼らから「影」というあだ名をつけられる。

たくさんの人が指摘しているが、「影」というのは、この映画で重要な要素になっている。チャンデがウンボムに対し、「食べたいときだけもいで食べる柿のようには扱われたくない」「それ以上になりたい」とその欲について語るときにも、ウンボムの影になってしまい、黒くほとんど存在が見えなくなってしまっている。悲しくもあり残酷な画《え》になっていた。

共和党の部長たちとチャンデとのシーンも興味深い。キム部長とイ室長は一時、一触即発になるが、その姿を見てチャンデが「腹心の部下を競わせて、閣下は恐ろしい人ですね」と嫌味を言う。『ＫＣＩＡ』を見た人ならば、この意味がよくわかるだろう。『ＫＣＩＡ』で閣下は部下を試し競わせていたから悲劇が起こったのだが、『キングメーカー』の部長と室長の関係性も、キム部長とクァク室長のように見える。

チャンデは続ける。「そういう親父は、切り捨てるときには容赦ない」と。イ室長から「そっちの親父は？」と聞かれると「大違いです」と答えるのだった。

この後、ウンボムはチャンデの策のおかげもあって、大統領候補指名大会でも、若手議員を制して指名されることになる。指名後、事務所にウンボムと二人きりになったチャンデが、酔った勢いで、「未来の大統領を抱きしめても？」と聞くと、「酔ってるな？」とつっこみつつも二人はハグしあい喜びを分かち合う。『ＫＣＩＡ』ではパク大統領はキム部長を抱きしめなかったが、こちらの二人は抱きしめ合ったのである。

ただ、この後、二人を分かつ出来事が起こる。かねてよりチャンデのやり方はスレスレであったが、大統領選ともなれば、更に熾烈な戦いとなる。しかも、相手はあのパク大統領だ。今こそ、チャンデの力が必要であった。しかし、ウンボムの支持率が落ち、窮地に陥ると、チャンデは、わざとウンボムに硫酸を投げつけるような芝居をして、それに怯まない姿勢を見せて支持率を回復しようと提案する。これは、誰の目にも一線を越えたものに見えた。

『ＫＣＩＡ』では、キム部長はパク大統領やクァク室長の乗るヘリコプターに乗せてもらえなかったが、チャンデは、ウンボムのアメリカ視察旅行のメンバーからはずされてしまった。うちの「親父」は簡単に部下を切らないと言っていたのに……。

その上、アメリカ外遊中に、ウンボムの自宅で原因不明の爆発が起こる。以前、わざと硫酸をかけて支持率をあげればいいと言っていたチャンデは皆に疑われ、自作自演をしたとして連行されてしまう。

ウンボムは、最後までチャンデを疑わないが、冷静な判断で、今は選挙参謀を離れろと提案する。しかし、傲慢な言い方で返してくるチャンデの売り言葉を買ってしまい、遂に「(原因不明の爆発は)君の仕業か」と聞いてしまう。チャンデは「はい」と答えるが、そのときの悲しそうな顔を見て、チャンデはウンボムに信頼されていないなら、ここで彼の元を去ろうと、わざとそう言ったのではないかと思えた。

このやりとりにより、チャンデは共和党陣営に加わる。「我々は正しいから勝つべきだ」というチャンデと、「我々が正義とは限らない」「目的より手段を優先すれば、独裁すら正当化できてしまう」というウンボムは、考え方の違いで別れることになってしまった。

この映画において、この「爆発」は実際誰が仕掛けたものなのかということは、『KCIA』の〝イアーゴ〟と同様、謎解きのような部分がある。

これは私の見立てであるが、ウンボムの家の爆発はきっと、次の大統領選でウンボムが脅威となると考えた共和党の面々が、チャンデを自分の陣営の参謀にするための罠だろう。

また、この映画の悲劇は、チャンデが「影」であることにコンプレックスが大きすぎて、「影」であることを意識する出来事があると、彼の気持ちにスイッチが入ってしまうことに原因があったのかもしれない。

ウンボムとのやりとりでも、ウンボムが大統領候補の選考に打ち勝ったのは自分の手柄であるし、選挙に勝たせた自分にも「座」の一部が与えられるべきだと主張する。『KCIA』では、キム部長が、パク大統領の後継者と目されているような描写があったが、映画の中では、キム部長はそんなことはあまり考えていないように演出されていた。しかし、チャンデは大統領とまではいかずとも、選挙参謀としての功績を認められ、光を浴びたいと思う気持ちが強く描かれていた。その背景には、父親が北朝鮮の出身であり、そのことでより光が当たらないということも関係があったのだろう。

その後、チャンデを失ったウンボムは1971年の共和党との大統領選で現職のパク・キスに負けてしまう。それから17年。1988年のソウルでチャンデは偶然ウンボムと再会。ウンボムは松葉づえをつき、二人とも白髪交じりになり老いていた。

映画の冒頭、薬屋をしていたチャンデの元に村人が訪れ、隣人から鶏の卵を取られたことを相談されると、チャンデが、鶏の足に赤い糸を結んで、隣人の家の小屋にこっそり入れて、泥棒に仕立て上げればいいと答えたのだが、同じ質問を再会したウンボムに問うのである。するとウンボムは「次の日、産まれた卵を彼にあげただろう。〝疑ってすまなかった〟と、良心があれば、何か感じるだろうから」と答える。チャンデが「もし良心がなければ？」と尋ねると「君を訪ねて、いい手がないか聞くだろな」と答えるのだった。

それを聞いたイ・ソンギュンがいい顔をするので見ているこちらも泣けてくる。「そんな考え方のあなたが好きだからついていったんです」とでも言いたげな表情だ。

私は、ポリティカルなノワールの中では、同じ人権感覚や倫理観がないときには、二人の仲は引き裂かれると書いてきた。逆に同じ感覚を持っていれば、イデオロギーも超えて共鳴できる。

ウンボムとチャンデの場合は、確かに同じ志を持って共に選挙を戦った。しかし、その「やり方」がちょっと違ってしまったから、二人は別れることになってしまったのだろう。でも、本当はチャンデだって、人権感覚や倫理観は昔と変わりはしない。だからこそウンボムと今生の別れになってしまうのではなく、再会することができたのだろう。

しかし、この最後のシーンは、さっきまでチャンデはウンボムと正面に座って会話していたのに、チャンデの横向きのショットになると、ウンボムがそこからすっかり消えてしまう。だからチャン

金大中をモデルにしたキム・ウンボム（ソル・ギョング）と厳昌録をモデルにしたソ・チャンデ（イ・ソンギュン）

デの夢のようにも見えてしまう。もしも、ウンボムが店を出ていくカットが一秒でも入れば、見ているこちらも「夢」のような感覚にはならなかっただろう。ただ、そのとき、チャンデはもう「影」ではなく、店の外からの柔らかい光を受けていた。

この「夢」のようなシーンを見ると、この映画は監督の作った「フィクション」なのだということがより伝わってくる。

しかしよくよく考えてみると、タイトルには『キングメーカー』とあるが、チャンデは本当に〝キングメーカー〟だったのだろうか。もちろん、彼は野党内で大統領選の代表を決めるところまではウンボムの選挙参謀でいられたが、その後は共和党のパク・キス陣営に寝返ってしまった。しかも、モデルとなった厳昌録は、金大中が1997年に大統領になる姿を見る前に亡くなってしまったのだ。そう考えると、『キングメーカー』というのは、あまりにもせつないタイトルだ。

映画の中でウンボムは、チャンデを利用したことは認めている。実際にも、対抗相手が、スレスレのことをしている場合、正攻法で真正面から戦っていても埒があかないことは多い。しかも、なぜか左派は清廉潔白を求められ、少しでもほころびが見えると、猛攻撃をされる。対して、攻撃を仕掛けてくる対抗勢力がどんなに不正をしていても、それが当たり前になってしまって、左派は不正を突っ込む体力すらも奪われてしまうこともある。今、このような状態に身に覚えがある人は多いのではないだろうか。


この映画は、1988年で終わっていて、そのときにキム・ウンボムは松葉づえをついている。チャンデはそんなウンボムを見て、拉致されたり投獄されたりしていた「先生の近況は知っています」と告げる。

これは、実際の金大中の半生とも重なる事実である。実際の金大中は、朴正煕（ご存じあのパク大統領のモデルである）の政敵とみなされ、1971年の選挙後、KCIAによる交通事故にみせかけた暗殺工作によって負傷し、松葉づえをつくようになったと言われている（このことは韓国政府も認めている）。また、1973年には東京滞在中に何者か（後でKCIAであることがわかる）

に拉致され、工作船で殺害される寸前であったことは、阪本順治の日本映画『KT』（2002年）に描かれている。

『キングメーカー』で描かれていないことをほかの映画を見たり、本を読んだりして補うと、いかに金大中という人が悪運が強く、諦めなかった人なのかということを知るのだ。

1997年、金大中が大統領になる直前には、IMF危機が起こったことは周知の事実である。これを受けて『文化大統領』宣言をして、コンテンツ産業を推進したことが、今の韓流ドラマ、K-POP、韓国映画の発展につながっている。

簡単に置き換えることはできないが、自分の住んでいるこの国にも彼のように希望を捨てず諦めない人の存在があれば……と考えずにはいられない。

最後に、ビョン・ソンヒョンとソル・ギョングの関係性の話になってしまうが続けさせてほしい。前作『名もなき野良犬の輪舞』（2017年）より前のソル・ギョングは、無骨な役が多かった。それは監督自身もインタビューで語っている。だが、この映画では、ソル・ギョングに「一度カッコつけた役を演じてほしい」「セクシーさも出してほしい」と監督がお願いしたのだという。ソル・ギョングは最初は恥ずかしがっていたというが、彼がスタイリッシュな役を演じた初めての作品となったのだ。※

『キングメーカー』のチャンデは資本家のやり方で朴訥としたウンボムを、演説もキレッキレの大

https://korepo.com/archives/446683/3

統領候補にまで仕立てあげたのだが、ある意味、『名もなき野良犬の輪舞』では、ビョン・ソンヒョンが、スタイリッシュなやり方で、ソル・ギョングの違う顔を見出したとも考えられる。そう考えると、ビョン監督とソル・ギョングの関係性は、チャンデとウンボムの関係性にも似ているようにも思えてくるのだ。

DVD 発売中＆デジタル配信中
発売・販売元：ツイン

あとがき

これからの韓国ノワールは……

２０２０年に入り、世界中でコロナウィルスが猛威をふるい始めた。私はその年の2月23日、ポン・ジュノ監督の映画『パラサイト 半地下の家族』（２０１９年）の舞台挨拶にソン・ガンホが登壇するということを知り、チケットをとって映画館に行った。時期的にぎりぎりソン・ガンホは来日を果たしたが、直後に渡航制限が発令され、そこからしばらく来日イベントを見ることはかなわなくなった。次に私が来日スターを見たのは２０２２年6月26日のこと。偶然にも『ベイビー・ブローカー』（２０２２年）のプロモーションで来日した、ソン・ガンホの取材であった。

韓国映画もコロナの影響を受けた。２０１３年に年間の観客動員数が2億人に達してからずっと好調であった韓国の映画産業であったが、２０２０年の2月22、23日の週末の映画館来客数は前週末の半分以下まで落ち込んだという。※

そんな時期（2月12日）に韓国で公開されたのが、『藁にもすがる獣たち』（２０２０年）であった。この作品は、曽根圭介による日本の小説を原作にしたノワール群像劇である。出演しているのは、チョン・ドヨンにチョン・ウソン、ペ・ソンウ、そして『ミナリ』（２０２０年）で第93回アカデミー賞の

※ https://jp.yna.co.kr/view/AJP20200224000800882

助演女優賞に輝いたユン・ヨジョンという豪華キャスト。

日本の原作ということで、あっと驚く凝った展開で見せるようなところに『鍵泥棒のメソッド』のリメイク作品の『LUCK-KEY／ラッキー』（2016年）との共通点を感じる。

この原作の講談社文庫の表紙イラストを見ると、ノワールというよりも、コメディ作品にもなり得そうなひょうひょうとした空気が漂っている。渇いたコメディ作品とも言える『鍵泥棒のメソッド』（2012年）のように、『藁にもすがる獣たち』が日本で映画化していたら、もうちょっとのほほんとした空気のコメディになるのかもしれないとも思えた。

裏返してみれば、韓国では同じ作品でもノワール的な解釈を加えることが多く、日本ではひょうひょうとしたコメディ的な解釈をすることが多いのかもしれない。2023年日本でリメイクされた『最後まで行く』

藁にもすがる獣たち

エクストリーム・ジョブ

も、日本版のほうがコメディ要素が強かったように思う。

コロナよりも一年前の話に戻るが、2019年1月には韓国でもコメディ映画『エクストリーム・ジョブ』が大ヒットした。この映画をノワールの文脈に入れていいのかは悩むが、麻薬犯を潜伏捜査する警察の話ではある。また、この映画には香港ノワールの金字塔である『男たちの挽歌 II』(1987年)へのオマージュがあり、レスリー・チャンが歌う『男たちの挽歌』の主題歌の「當年情」が使われているということを考えても、ノワールの文脈として語っても良い作品だろう。しかも、本書でも書いた通り、『男たちの挽歌』は軽妙でコミカルな部分も多い作品なのだ。

物語は麻薬捜査班が捜査のためにフライドチキン屋を買い取り、対策本部として捜査に役立てようとするのだが、やがてそのフライドチキンの味が評判を呼び、お店が繁盛してしまうというもの。

男同士のシリアスでスリリングな騙し合いと情の物語であったり、財閥や検事など、巨大権力と戦うような作品の多かった韓国ノワールの世界とはまた違った、良い意味でゆるくて楽しいコメディ・アクションが公開されたものだと思っていたら、あれよあれよというちに、歴代興行収入の一位を記録する映画になっていった。

出演は、リュ・スンリョン、イ・ハニ、チン・ソンギュ、イ・ドンフィ、コンミョンと、本書ではなかなか名前が出てこなかった俳優たちである（リュ・スンリョンは、『生き残るための3つの取引』には出演しているが）。実際にはリュ・スンリョンは『王になった男』（2012年）や『7番房の奇跡』（2013年）、『バトル・オーシャン／海上決戦』（2015年）といった出演作品が1000万人を超える動員数を誇る俳優であるのだが、それも10年近く前のことで、最近の韓国ノワールでは見かけることは少なかった。

『エクストリーム・ジョブ』のヒットを受けて、2020年にはコメディ映画が大流行。『エクストリーム・ジョブ』のスタッフによる動物園を舞台にした『シークレット・ジョブ』や、オム・ジョンファ、パク・ソヌン、キム・ナムギルの出演で、ハイジャックされた旅客機内で繰り広げられる『ノンストップ』、イ・ソンミン演じる国家情報局員が、パンダの護衛をする中で起こる出来事を描いた『SP国家情報局 Mr.ZOO』など、コミカルな作品がたくさん作られた。

こうした作品の影で、コロナ以前に作られていた、シリアスで予算もかけられたノワール作品は、映画館での公開を待機したり、公開してもコロナ以前のようには観客が動員されないことも多かった。2020年1月に公開された『KCIA 南山の部長たち』も、公開後にコロナの影響で伸び悩み、また『新しき世界』（2013年）のイ・ジョンジェとファン・ジョンミンコンビが共演した『ただ悪から救いたまえ』（2020年8月公開）も動員数500万人を超えることはなかった。コロナ禍は、韓国ノワールにとっても受難の時期であったのかもしれない。

そんな中、これまでヒット作を連発していた監督や主演俳優たちは、Netflixに活路を見出し、映画のみならず、韓国ノワールのドラマも作られるようになった。

『工作 黒金星と呼ばれた男』（2018年）のユン・ジョンビン監督は、Netflixのオリジナルドラマ『ナルコの神』（2022年）を制作。ユン・ジョンビン監督の大学時代の卒業作品『許されざるもの』（2007年）から何度もタッグを組んでいるハ・ジョンウと、『工作』のファン・ジョンミンが南米のスリナムでスリリングな心理戦を繰り広げる、まさに韓国ノワールドラマである。『インサイダーズ／内部者たち』（2015年）のチョ常務役や『キングメーカー 大統領を作った男』（2022年）のイ・ジンピョ室長役でおなじみのチョ・ウジンも出ている一作だ。

『新しき世界』のパク・フンジョン監督が、Netflixで『楽園の夜』（2020年）を撮ったのは、本書でも紹介した。また『名もなき野良犬の輪舞』（2017年）のビョン・ソンヒョン監督は、チョン・ドヨン、ソル・ギョング、ファン・ジョンミン、ク・ギョファンで制作した『キル・ボクスン』（2023年）がNetflixで公開されたばかりだ。この映画の主人公の殺し屋のキル・ボクスン（チョン・ドヨン）は、シングルマザー。娘のジェヨン（キム・シア）はレズビアンで同級生のソラと交際しているが、男子同級生からのいやがらせを受け悩んでいる。ボクスンは娘には自分の仕事のことは言えず、自分を拾ってくれたチャ代表（ソル・ギョング）の元から離れて足を洗おうとしている……。これまで男性主人公のノワールを作ってきた監督たちが女性を描くノワールを作り始めていると感じる。

映画監督がNetflixなどのプラットホームの映画やドラマを作るようになったことで、韓国ノワールにおいてのドラマと映画の垣根がますますなくなっているようにも思われる。もちろん、韓流ブームが始まった2000年代初頭から、韓国ドラマにおいてノワール作品というのは、たくさん作られていた。ソン・スンホンの『エデンの東』（2008年）や、イ・ビョンホンの『IRIS―アイリス―』（2009年）、ソ・ジソブの『カインとアベル』（2009年）なども、ノワールとは言われてはいなかったが、ノワール的な作品と言ってもいいだろう。

現在においても、『模範家族』（2022年）『カジノ』（2022年）『マイネーム：偽りと復讐』（2021年）など、続々とノワールジャンルのドラマが作られている。これからの韓国ノワールを語るのに、こうした配信プラットホームのドラマを無視することはできなくなるかもしれない。

またドラマ『怪物』（2021年）は、女性の脚本家のキム・スジン、演出家のシム・ナヨンで制作していることでも注目の作品だ。映画の世界でも、ユ・アイン主演の『声もなく』（2020年）は、女性監督ホン・ウィジョンの長編デビュー作。犯罪組織で働く青年と、誘拐された少女を描くテーマはまさしくノワールだが、その映像のあわく繊細な色味などは、これまでのノワールを覆していて斬新さがあった。

最近の韓国ノワールで最も明るいニュースと言えば、2022年6月に韓国で公開されたマ・ドンソク主演の『犯罪都市 THE ROUNDUP』（『犯罪都市』のパート2）が、コロナ禍で動員数が激減した時期を経て、『パラサイト』以来、3年ぶりに観客動員数1000万人を突破したことだろうか。

パート1では、ユン・ゲサンがヴィランとして出演し、これまでとは違う姿を見せたが（ユン・ゲサンは、JYPことパク・ジニョンがプロデュースした伝説のグループgodの出身だから、元祖・演技ドルと言ってもいいくらいだ）、パート2ではドラマ『私の解放日誌』（2022年）で注目のソン・ソックがヴィランとして出演。パート3では、イ・ジュニョクと青木崇高が麻薬事件に関わるヴィランを演じている。パート4のヴィランも、キム・ムヨルに決定しているそうだ。

多くの韓国ノワールは、同じような顔ぶれが出演していて、それも楽しみではあるのだが、『犯罪都市』においては、さまざまな俳優がヴィランを演じることで、新たな可能性を発見するよう作品になっていくのだろう。マ・ドンソクのプロデューサーとしての手腕でもあるし、同じ俳優として後輩俳優をフックアップしたいということがあるのかもしれない。

このほかにも、王道の韓国ノワールの制作も続いている。本書でも触れた香港ノワールのリメイク『毒戦 BELIEVER』（2018年）は、Netflix の制作でパート2が準備されていて、チョ・ジヌンとチャ・スンウォンにハン・ヒョジュも加わり、2023年の10月に公開予定である。

チョ・ジヌンとチェ・ウシク共演の『警察の血』（2022年）は、「このミステリーがすごい！」1位に選ばれた、佐々木譲による警察小説を原作にしている。日本の原作と、韓国ノワールのノウハウが融合しているのを見ると、いろんな面での発展性を感じられてうれしくなる。個人的には、イ・ジョンジェが監督と脚本、出演し、チョン・ウソンと共演の『ハント』の日本での公開、2023年9月を心待ちにしているところだ。

最後になるが、本書をほぼ書き終えたところで、話題のNetflixのドラマ『クイーンメーカー』という作品を見た。この作品は、厳密には「ノワール」とは言えないかもしれないが、本書で紹介してきた、韓国ノワールならではの題材や要素がちりばめられていた。

中年の女性主人公が、財閥一族に翻弄され反旗を翻す様子は、女性版の『ベテラン』（2015年）のようである。非正規雇用の労働者の怒りが始まりにあるというところでも共通している。

主人公をキム・ヒエとムン・ソリが演じており、文字通りのベテラン女優のバディであるというのもいい。二人が、最初は反目していたというのに、同じ倫理観を持っていることでタッグを組むようになるところも韓国ノワールのお約束である。信念はあるが戦略には欠ける人権弁護士が市長選に立候補し、それを有能な参謀が後押しするというところも『キングメーカー 大統領を作った男』（2022年）につながる。

本書の『ガール・コップス』（2019年）のコラムで、女性には女性なりの抑圧と動機があり、そこから解放されるノワールが見たいと書いたが、韓国ドラマと映画の垣根がなくなってきた今、ドラマでこうした世界が実現しているのかもしれないと思った。

『クイーンメーカー』を見ていると、40代、50代の女性たちのかっこよさに痺れた。この作品以外でも、キム・ヘス、チョン・ドヨン、オム・ジョンファなどの主演クラスはもちろんのこと、ラ・ミランや『パラサイト半地下の家族』のイ・ジョンウンなど、バイプレイヤーから主役に躍り出る俳優も増えている。

韓国ノワールは、個性的なベテラン俳優、ベテラン・バイプレイヤーたちの台頭で盛り上がったところがあったが、ベテラン女性俳優、ベテラン女性バイプレイヤーの顔がここまで揃った今、これからの韓国ノワールや韓国映画、ドラマを彼女たちがけん引するのではないかという希望が持てる。

現時点ではどうしても、男性中心の映画について書くことになってしまったが、本書を書き終えてみて私が韓国ノワールに求めているものは、別に男同士の絆や様式美ではなかったのだと気づいた。犯罪を描きながらそこに見えてくる社会の矛盾や拮抗する力の関係、そしてそれに翻弄され抵抗しながらも誰かと誰かが共鳴し合う姿を見たかっただけなのだ。その共鳴の描き方の変化、進化が少しでもこの本に記されていれば。そして、今後も変化していくであろう韓国ノワールについても、見て書き続けていけたらと思った。

エクストリーム・ジョブ
豪華版 Blu-ray　7,480 円（税込）
発売元：クロックワークス
販売元：TC エンタテインメント

藁にもすがる獣たち
デラックス版（Blu-ray＋DVD セット）
5,720 円（税込）
発売元：クロックワークス
販売元：TC エンタテインメント

西森路代（にしもり・みちよ）

愛媛県生まれ。地元テレビ局、派遣社員、編集プロダクション勤務、ラジオディレクターを経てフリーライターに。主な仕事分野は、韓国映画、日本のテレビ・映画やお笑いについてのインタビュー、コラムや批評など。ハン・トンヒョン氏との共著に『韓国映画・ドラマ――わたしたちのおしゃべりの記録 2014 〜 2020』（駒草出版）がある。

韓国ノワール　その激情と成熟

著者　西森路代

2023 年 6 月 28 日　初版印刷
2023 年 7 月 14 日　初版発行

デザイン：シマダマユミ（TRASH-UP!!）

編集：大久保潤（P ヴァイン）

発行者　水谷聡男
発行所　株式会社 P ヴァイン
〒150-0031
東京都渋谷区桜丘町 21-2 池田ビル 2F
編集部：TEL 03-5784-1256
営業部（レコード店）：
TEL　03-5784-1250
FAX　03-5784-1251
http://p-vine.jp

ele-king
http://ele-king.net/

発売元　日販アイ・ピー・エス株式会社
〒113-0034
東京都文京区湯島 1-3-4
TEL　03-5802-1859
FAX　03-5802-1891

印刷・製本　シナノ印刷株式会社

ISBN：978-4-910511-52-8

表紙写真『新しき世界』